Para:

De:

DIOS
LE
AYUDARÁ

MAX LUCADO

CASA
CREACIÓN

Traducido por: www.thecreativeme.net (Ernesto Giménez)
Director de Diseño: Justin Evans

Copyright © 2013 by Max Lucado

Originally published in English under the title:
God Will Carry You Through
Published by arrangement with Thomas Nelson a division of Harper Collins Christian Publishing, Inc.

Copyright © 2017 por Casa Creación
Todos los derechos reservados

Library of Congress Control Number: 2016961555
ISBN: 978-1-62999-046-0
E-book: 978-1-62999-050-7

Impreso en los Estados Unidos de América
18 19 20 21 * 7 6 5 4 3

CONTENIDO

PREFACIO

Es el tema central de la Biblia: Dios acude en ayuda de sus hijos. El rescate de Isaac en el último minuto de una muerte certera en manos del obediente Abraham. Los hijos de Israel rescatados de la esclavitud en Egipto. Saulo convirtiéndose en Pablo, siendo librado de una trayectoria de odio y violencia. Y todos los redimidos, liberados de la destrucción gracias al regalo de un Salvador.

Una tras otra, estas historias de cuidado celestial y de rescate divino cautivan nuestra imaginación y nos ayudan a confiar cada vez más en que ese mismo Dios actuará de la misma manera por nosotros. En estas historias antiguas, nuestro Padre celestial demostró su poder a través de aguas que se dividieron, nubes que dirigían, luces que cegaban, curaciones milagrosas, y fuegos que no se apagaban.

El mismo Dios que intervino para cambiar la historia se preocupa por nuestras luchas, miedos, lágrimas y esperanzas. ¿Estamos enfrentando problemas financieros, problemas matrimoniales, o una crisis de salud? Saldremos adelante. No será fácil, rápido, o sin dolor, pero Dios nos dará la victoria. Confiemos en Él.

Es mi oración que las experiencias aquí narradas de hermanos y hermanas que enfrentaron problemas y que necesitaron de ese poder que dividió el mar Rojo, le animen al enfrentar sus propias luchas.

En sus propias palabras, estos viajeros de la vida comparten sus experiencias "como la de José" y las maneras en que Dios los acompañó a través de ellas.

Él puede hacer lo mismo por usted.

—Max Lucado

Saldremos de esto.

No dejaremos de sentir dolor.

No será rápido.

Pero Dios usará esta situación
para nuestro bien.

No seamos tontos o ingenuos.

Pero tampoco nos desesperemos.

Con la ayuda de Dios,

saldremos de esto.

DIOS
ESTARÁ CON
NOSOTROS

Saldremos de esto

A veces pensamos que no saldremos de la situación que nos aqueja, y es normal. Nos da miedo de que no se nos quite la depresión, de que los gritos no se acaben, de que el dolor nunca nos deje…Nos preguntamos: *¿Se aclarará alguna vez este oscuro panorama? ¿Se aligerará esta carga?* Nos sentimos estancados, atrapados, encerrados. Predestinados al fracaso. ¿Jamás saldremos de este pozo?

¡Sí lo haremos!

La liberación es a la Biblia lo que la samba es al Carnaval: es constante, sonora, y está en todas partes. Liberación:

> del pozo de los leones para Daniel,
> de la prisión para Pedro,
> del estómago del gran pez para Jonás,
> del acecho de Goliat para David,
> de la tormenta para los discípulos,
> de la enfermedad para los leprosos,
> de la duda para Tomás,
> del sepulcro para Lázaro,
> y de los grilletes para Pablo.

Dios nos hace pasar:

> *por* el mar Rojo, hacia tierra firme (Éxodo 14:22).
> *por* el desierto (Deuteronomio 29:5).
> *por* el valle de sombra de muerte (Salmo 23:4).
> y *por* las muchas aguas (Salmo 77:19).

Por es una de las palabras favoritas de Dios:

> *"Cuando pases por las aguas, yo estaré contigo;*
> *y si por los ríos, no te anegarán. Cuando pases*
> *por el fuego, no te quemarás, ni la llama ar-*
> *derá en ti" (Isaías 43:2).*

No dejaremos de sentir dolor.

¿Ya derramamos nuestra última lágrima, o recibimos nuestra última ronda de quimioterapia? No necesariamente. ¿Se convertirá nuestro desdichado matrimonio en un matrimonio feliz en un abrir y cerrar de ojos? No es probable...

¿Garantiza Dios la ausencia de dificultades y la abundancia de fuerzas? No en esta vida. Pero él se compromete a recomponer nuestro dolor para un propósito superior.

No será rápido.

José tenía diecisiete años cuando sus hermanos lo abandonaron. No los volvió a ver sino hasta que tuvo unos treinta y siete años. Dos años más pasaron para poder ver a su padre.

A veces Dios se toma su tiempo:

> Ciento veinte años para preparar a Noé para el
> diluvio.
> Ochenta años para preparar a Moisés para la
> obra que debía llevar a cabo.

Dios llamó al joven David para que fuera rey, pero lo devolvió al campo a pastorear ovejas. Llamó a Pablo para que fuera un apóstol, y luego lo aisló en Arabia durante unos tres años. Jesús estuvo en la tierra durante tres décadas antes de construir cualquier cosa que no fueran mesas y muebles. ¿Cuánto tiempo le llevará a Dios con nosotros? Él puede tomar su tiempo. Nuestra historia no es redimida en cuestión de minutos, sino en lo que dura una vida.

Pero Dios usará nuestra situación para nuestro bien.

Nosotros vemos las artimañas y estratagemas de Satanás. Dios ve a Satanás vencido y frustrado.

Voy a ser claro...*nosotros representamos un desafío para el plan de Satanás.* Llevamos algo de Dios dentro de nosotros; algo noble y santo; algo que el mundo necesita; sabiduría, bondad, misericordia, y dones. Si Satanás puede neutralizarnos, podrá silenciar nuestra influencia.

Lo que Satanás hace para hacernos daño, Dios, el Maestro costurero y Maestro constructor, lo redime para bien.

La historia de José aparece en la Biblia para enseñarnos a confiar en que Dios vencerá al mal.

Días buenos.
Días malos.
Dios está en
cada día.

Alzaré mis ojos a los montes; ¿De dónde vendrá mi socorro? Mi socorro viene de Jehová, que hizo los cielos y la tierra. No dará tu pie al resbaladero, ni se dormirá el que te guarda. * Como Jerusalén tiene montes alrededor de ella, así Jehová está alrededor de su pueblo desde ahora y para siempre. * Porque has sido mi socorro, y así en la sombra de tus alas me regocijaré. * Nuestro socorro está en el nombre de Jehová, que hizo el cielo y la tierra.

SALMO 121:1–3; SALMO 125:2;
SALMO 63:7; SALMO 124:8.

ESPERANZA EN MEDIO DE LA DIFICULTAD

"Sucedió, pues, que cuando llegó José a sus hermanos, ellos quitaron a José su túnica, la túnica de colores que tenía sobre sí; y le tomaron y le echaron en la cisterna; pero la cisterna estaba vacía, no había en ella agua. Y se sentaron a comer pan".

GÉNESIS 37:23–25

Era una cisterna abandonada. Su superficie interna era irregular, y de sus piedras brotaban raíces. El chico de diecisiete años estaba en el fondo. Aún parecía un niño: tenía poco vello facial, y sus brazos y piernas eran delgados. Estaba atado de manos y tobillos, acostado con las rodillas cerca del pecho en el pequeño espacio del que disponía. La arena estaba mojada por su propia saliva. Sus ojos estaban muy abiertos debido al miedo que sentía. Su voz estaba ronca de tanto gritar. Pero no era que sus hermanos no lo oían. Veintidós años después, doblegados por una hambruna que había subyugado su engreimiento, y con el orgullo abatido por la culpa, confesaron: "Vimos la angustia de su alma cuando nos rogaba, y no le escuchamos" (Génesis 42:21).

José no sospechaba que sería víctima de este ataque. No se levantó de la cama ese día y dijo: "Me voy a poner ropa acolchada porque hoy me van a lanzar a un pozo". El ataque lo tomó por sorpresa.

Y el nuestro también. El hoyo de José llegó en forma

7

de una cisterna. Tal vez el nuestro vino en la forma de un diagnóstico, de un hogar de acogida, o de una lesión traumática. José fue despreciado y arrojado a un agujero. ¿Y nosotros? Despedidos de nuestro trabajo y olvidados. Divorciados y abandonados. Dejados en una cama, abusados. El hoyo; una especie de muerte, sin agua y austera. Algunos individuos nunca se recuperan. La vida se reduce a un solo objetivo: salir de él y nunca ser heridos de nuevo. Pero no es una tarea fácil. No es fácil salir de un pozo.

La historia de José se puso incluso peor. El abandono lo llevó a la esclavitud, a ser engañado, y finalmente al encarcelamiento. Fue golpeado. Vendido. Maltratado. Le hicieron promesas que no fueron cumplidas, le dieron regalos solo para quitárselos. Si el dolor fuera un pantano, podríamos decir que José fue sentenciado a una vida de trabajo forzoso en los Everglades.

Sin embargo, nunca se rindió. Su reclamo nunca se dejó llevar por la amargura. La ira nunca hizo metástasis en odio. Su corazón nunca se endureció; su determinación nunca se desvaneció. No sólo sobrevivió, sino que prosperó. Ascendió como un globo de helio. Un funcionario egipcio lo promovió como servidor principal. El director de la prisión puso a José a dirigir a los internos. Y el faraón, el gobernante más poderoso del planeta, escogió a José como su primer ministro. Hacia el final de su vida, José era el segundo hombre más poderoso de su generación. No es exageración decir que salvó al mundo del hambre.

¿Cómo logró prosperar así en medio de la tragedia? No tenemos que especular. Unos veinte años más tarde, los papeles se invirtieron, José era el fuerte y sus hermanos los débiles. Se presentaron ante él con miedo. Temían que se vengara y los echara en un pozo construido por él mismo. Pero José no lo hizo. Y en su explicación encontramos su inspiración:

> *"Es verdad que ustedes pensaron hacerme mal, pero Dios transformó ese mal en bien para lograr lo que hoy estamos viendo: salvar la vida de mucha gente".* (Génesis 50:20, NVI)

En las manos de Dios, el mal que nos han hecho termina convirtiéndose en bien.

José se ató al pilar de esta promesa y se aferró a ella con todas sus fuerzas. En ninguna parte de la historia se minimiza la presencia del mal. Todo lo contrario. Hay manchas de sangre y de lágrimas por todas partes. El corazón de José estaba en carne viva ante la deslealtad y la injusticia. Sin embargo, una y otra vez Dios redimió el dolor. La túnica desgarrada se convirtió en una túnica real. El foso se convirtió en un palacio. La familia desunida envejeció junta. Los mismos actos destinados a destruir al siervo de Dios sirvieron para fortalecerlo.

"Ustedes pensaron hacerme mal", dijo José a sus hermanos, utilizando un verbo hebreo cuya raíz proviene del verbo "trenzar" o "entretejer". "Tejieron el mal —les dijo—, "pero Dios lo retejió para convertirlo en bien".

Dios es el Maestro Tejedor. Él estira el hilo y entrelaza los colores; el cordel con el hilo de terciopelo; los dolores con los placeres. Nada escapa a su alcance. Todo rey, déspota, patrón de tiempo, y molécula están bajo su mando.

Él mueve la lanzadera de ida y de vuelta en el telar a través de las generaciones y, al hacerlo, emerge un diseño. Satanás teje, y Dios reteje.

Y Dios, el Maestro Constructor. Este es el significado detrás de las palabras de José: "Dios transformó ese mal en bien *para lograr…*" (el énfasis es mío). La palabra hebrea traducida aquí como "para lograr" es un término de construcción.[1] Describe una tarea o proyecto de construcción similar a uno por el que conduzco todas las mañanas. El estado de Texas está reconstruyendo una autopista que pasa cerca de mi casa. Tres carriles han sido reducidos a uno solo, haciendo que mi viaje de ida y vuelta al trabajo se convierta en un dolor de cabeza. El proyecto de la autopista, al igual que la historia humana, ha estado en desarrollo desde antes del comienzo de la historia. Grúas le pasan a uno por la cabeza todos los días. Grupos de obreros sostienen señalizaciones y palas, y varios millones de nosotros nos quejamos. Bueno, al menos yo. *¿Cuánto tiempo durará esto?*

Mis vecinos de al lado tienen una actitud diferente hacia el proyecto. El marido y su esposa son ingenieros viales, y se desempeñan como consultores del Departamento de Transporte. Soportan los mismos atascos de tráfico y los desvíos como el resto de nosotros, pero lo hacen con una actitud positiva. ¿Por qué? Porque ellos conocen bien cómo se desarrollan estos proyectos. "Llevará tiempo —me dicen cuando me escuchan quejarme—, pero será terminada. Será una maravilla". Ellos han visto los planos.

A través de historias como la de José, Dios nos permite estudiar los planos. ¡Qué desorden! Hermanos atacando a su hermano. Problemas por envidias. Hambres y disputas familiares esparcidas como clavos y bolsas de cemento en un terreno baldío. La lógica de Satanás era siniestra y simple: destruir a la familia de Abraham y, de ese modo, destruir su simiente: Jesucristo. Todo el infierno, al parecer, puso la mirilla en los hijos de Jacob.

Pero veamos al Maestro constructor obrar. Él retira los escombros, estabiliza la estructura y aprieta los tornillos hasta que el caos de Génesis 37:24 ("y le tomaron y le echaron en la cisterna") se convierte en el triunfo de Génesis 50:20 ("salvar la vida de mucha gente").

Dios como Maestro tejedor y Maestro constructor, redimió la historia de José. ¿No puede también redimir la nuestra?

"Si anduviere yo en medio de la angustia, tú me vivificarás; contra la ira de mis enemigos extenderás tu mano, y me salvará tu diestra".

SALMO 138:7

José sería el primero en decirnos que la vida en el fondo del pozo apesta. Sin embargo, a pesar de su podredumbre, hay algo que solo logra el fondo del pozo: nos obliga a mirar hacia arriba. Alguien de *arriba* tiene que *bajar* y darnos una mano. Dios lo hizo por José. En el momento adecuado, y de la manera correcta, Él hará lo mismo por nosotros.

LA HISTORIA DE CHARLOTTE

Para nuestro decimoséptimo aniversario de bodas, mi esposo me regaló un viaje a Michigan para que yo pasara una semana con mi tía y mi prima en un "viaje de compras de mujeres"; algo que había querido hacer desde hacía varios años. Volé desde Florida a Michigan en nuestro aniversario.

La mañana siguiente, mi esposo dejó a nuestras dos hijas (de trece y quince años para ese entonces) en la iglesia, y se fue a la tienda, diciéndoles que regresaría a buscarlas cuando salieran. Yo estaba con mi prima, mi tía, y mi tío cuando sonó el teléfono de mi tío. Era mi madre: mi marido se había caído, estaba en el hospital, y necesitaban mi permiso para realizarle una cirugía cerebral de emergencia. Inmediatamente llamé al hospital, les di el permiso para la cirugía, y salí corriendo al aeropuerto para volver a casa.

Dios estaba dirigiéndolo todo, ya que pude conseguir un boleto en el siguiente vuelo de Michigan a Florida. De hecho, cuando iba caminando por el pasillo del hospital, el médico estaba saliendo de la operación.

Después de un largo mes en la unidad de cuidados intensivos, era obvio que mi esposo no se recuperaría. Fue entonces desconectado del respirador artificial, y once horas después se unió al coro de Dios. Mis hijas y yo hemos sentido la presencia de Dios con nosotras desde el primer momento en que mi esposo se fue. La presencia y la ayuda de nuestra familia eclesiástica fue fundamental durante y después de la prueba.

Tengo la gran bendición de poder decir que desde que perdieron a su padre, mis hijas también han desarrollado su relación con Dios. Las tres nos graduamos en la universidad. Mi hija mayor está casada con un maravilloso hombre de Dios.

Ahora, cuando escucho a alguien decir: "Dios está contigo", lo creo de corazón. Él ha estado conmigo, y continúa estándolo, en los momentos difíciles. El camino no ha sido fácil, y las situaciones difíciles no siempre se resuelven rápidamente. Pero Dios es fiel. Confíe en Él.

Saldremos
de esto...

ALGO QUE LAS PREOCUPACIONES NO PUEDEN TOCAR

NO OLVIDEMOS NUESTRO DESTINO

Si usted y yo estuviéramos teniendo esta conversación tomándonos un café, este sería el momento en el que me inclinaría sobre la mesa y le diría: "¿Hay algo que usted aún tiene que no puede perder?".

Las dificultades ya le han quitado mucho, y eso lo entiendo. Pero hay un regalo que sus problemas no pueden quitarle, y es su destino. ¿Podemos hablar de ello?

Usted es un hijo de Dios.

Él lo vio, lo levantó y lo colocó donde está. "Ustedes no me escogieron a mí, sino que yo los he escogido a ustedes" (Juan 15:16, DHH). Antes de ser carniceros, panaderos, o ebanistas; hombres o mujeres; asiáticos o negros, somos hijos de Dios. ¿Somos un remplazo o un simple relleno? Ninguna de las dos cosas. Somos su primera opción.

Pero este no es siempre el caso en la vida. En una ocasión, unos minutos antes de que yo oficiara una boda, el novio se inclinó hacia mí y dijo:

—Usted no era mi primera opción.

—¿No? —le respondí.

—No, el predicador que habíamos escogido no podía hoy —me dijo.

—Oh —dije con sorpresa.

—Pero gracias por llenar su lugar —dijo con una sonrisa.

—Por supuesto, siempre a la orden —le dije, con ganas de firmar el acta de matrimonio como: "Sustituto".

Jamás escucharemos estas palabras por parte de Dios. Él nos eligió. La elección no fue obligatoria, necesaria, forzada u obligada. Nos seleccionó porque así lo quiso. Somos su elección deliberada, abierta y voluntaria. Él se dirigió hacia el lugar donde estábamos siendo subastados, se puso de pie, y proclamó: "Este niño es mío". Y nos compró "con la sangre preciosa de Cristo, como de un cordero sin mancha y sin contaminación" (1 Pedro 1:19). Somos hijos de Dios.

Somos hijos de Dios *para siempre*.

No creamos lo que dice la lápida. Somos más que un guion entre dos fechas. No nos dejemos atrapar por pensamientos cortoplacistas. Nuestras luchas no durarán para siempre, pero nosotros sí.

Dios tendrá su Edén. Él está creando un jardín en el que Adanes y Evas compartirán en su semejanza y amor, en paz unos con otros, con los animales y la naturaleza. Gobernaremos con él sobre tierras, ciudades y naciones. "Si sufrimos, también reinaremos con él" (2 Timoteo 2:12).

Creámoslo. Aferrémonos a ello. Tatuémoslo en el centro de nuestro corazón. Aunque parezca que la calamidad nos hundió hasta el fondo del mar, no es así. Aún tenemos nuestro destino.

Mi padre acababa de jubilarse. Él y mamá habían guardado dinero y tenían sus planes: visitar todos los parques nacionales en su casa rodante. Pero de repente, llegó el diagnóstico: esclerosis lateral amiotrófica (ELA, o enfermedad de Lou Gehrig), una cruel enfermedad degenerativa de los músculos. A los pocos meses, mi padre era incapaz de alimentarse, vestirse, o bañarse por sí solo. Su mundo, tal como lo conocía, se había derrumbado.

En ese momento, mi esposa Denalyn y yo nos preparábamos para un viaje misionero a Brasil. Cuando nos dieron la noticia, pensé en cambiar mis planes. ¿Cómo podría salir del país mientras papá se estaba muriendo? La respuesta de mi padre fue inmediata y certera. Él no era conocido por escribir largas cartas, pero esta tenía cuatro páginas:

> En cuanto a mi enfermedad y tu viaje a Río, mi respuesta es sencilla: ve. […] No le tengo ningún miedo a la muerte o la eternidad […]. Así que no te preocupes por mí. Solo ve. Haz lo que Dios te pide.

Papá perdió mucho: su salud, su jubilación, años con sus hijos y nietos, y años con su esposa. La pérdida fue grave, pero no fue total.

Varios años después de la muerte de papá, recibí una carta de una mujer que lo recordaba. Ginger tenía solo seis años cuando su clase de escuela dominical diseñó unas tarjetas de buenos deseos para los miembros de la iglesia en dificultades. Ella hizo una tarjeta púrpura brillante en papel de construcción, adornada cuidadosamente con calcomanías. En su interior, escribió: "Te amo, pero por encima de todo, Dios te ama". Su madre horneó un pastel, y ambas hicieron la entrega.

Papá estaba postrado en cama. Su final estaba cerca. Su mandíbula tendía a caerse, dejándolo con la boca abierta. Podía extender su mano, pero la tenía entumecida como una garra debido a la enfermedad.

De alguna manera, Ginger tuvo un momento a solas con él, y le hizo una pregunta que solo un niño de seis años podría haber hecho:

—¿Te vas a morir?

Él le tocó la mano y le pidió que se acercara.

—Sí, me voy a morir. ¿Cuando? No lo sé.

Ella le preguntó si tenía miedo de irse.

—A donde voy es el cielo —le dijo él—. Voy a estar con mi Padre. Estoy listo para verlo cara a cara.

En ese momento, su madre y la mía regresaron. Ginger recuerda:

> Mi madre consoló a sus padres con una sonrisa forzada en su rostro. Pero yo tenía una hermosa sonrisa espontánea, y él también sonreía y me guiñó un ojo.
>
> Quiero contarle todo esto porque mi familia y yo vamos a Kenia. Vamos a hablarle de Jesús a una tribu en la costa. Tengo miedo por mis hijos, porque sé que habrá dificultades y enfermedades. Pero yo no tengo miedo, porque lo peor que podría pasar es que llegue a ver a mi Padre "cara a cara".
>
> Su padre me enseñó que la tierra es solamente un paso, y la muerte no es más que un renacimiento.

Un hombre a punto de morir, guiña un ojo sonriente. ¿Despojado de todo? Solo de forma aparente. En su hora final, mi papá aún tenía aquello que nadie puede quitarnos. Y al final, eso era lo único que necesitaba.

Si en esta vida solamente esperamos en Cristo, somos los más dignos de conmiseración de todos los hombres. * Porque sabemos que si nuestra morada terrestre, este tabernáculo, se deshiciere, tenemos de Dios un edificio, una casa no hecha de manos, eterna, en los cielos. * Si sufrimos, también reinaremos con él. * Bendito el Dios y Padre de nuestro Señor Jesucristo, que según su grande misericordia nos hizo renacer para una esperanza viva, por la resurrección de Jesucristo de los muertos, para una herencia incorruptible, incontaminada e inmarcesible, reservada en los cielos para vosotros, que sois guardados por el poder de Dios mediante la fe, para alcanzar la salvación que está preparada para ser manifestada en el tiempo postrero.

1 CORINTIOS 15:19; 2 CORINTIOS 5:1;
2 TIMOTEO 2:12; 1 PEDRO 1:3-5.

En sus propias palabras:

LA HISTORIA
DE CINDY

*He aquí que en las palmas
de las manos te tengo esculpida.*

ISAÍAS 49:16

Recientemente escuché decir que si miramos de cerca las cicatrices en las manos y los pies de Jesús, encontraremos nuestro nombre en ellas. Una cicatriz indica el sitio donde ocurrió una lesión, un lugar donde se experimentó dolor y fluyó sangre. Las cicatrices también pueden significar que en algún momento encontramos algo que pudo habernos matado, pero sobrevivimos. En este caso, la marca es un recordatorio permanente de una segunda oportunidad de vida que hemos recibido.

Cuando mi padre me dijo que tenía melanoma, mi corazón se encogió. Como enfermera practicante, sabía que el pronóstico no era bueno y que el tiempo en estos casos era fundamental; pero como cristianos, servimos al que tiene todo el tiempo en sus manos. Mi padre fue referido al Hospital Oncológico MD Anderson de la Universidad de Texas, pero debía esperar un mes hasta el día de la cita.

Ciertamente fue el Espíritu Santo el que me llevó a orar y pedir una cita adelantada si se presentaba una cancelación, y fue esa la primera vez que oré en voz alta con mis padres por teléfono. No solo Dios contestó la oración, sino que nos dio un mensaje de amor personal al cambiar la cita para el día de mi cumpleaños.

Durante las horas de espera para que le hicieran tomografías computarizadas, resonancias magnéticas y ultrasonidos, los cuales darían solo resultados inciertos, hice búsquedas en la internet sobre estudios médicos relacionados con el melanoma. Trataba de encontrar un solo caso que fuera como el de mi padre y que hubiera tenido un final feliz, con el propósito de sentirme mejor. No encontré ninguno.

Lo que Dios me mostró fue el cierre de Isaías 49:23: "Los que en mí confían no quedan defraudados" (DHH). Era como si me estuviera preguntando: "¿Estás esperando encontrar consuelo en Google y la internet, o me vas a permitir consolarte?". Se me hacía difícil confiar porque me preguntaba constantemente si terminaría decepcionado.

Una vez oí que la fe podía ser definida como "obediencia confiada en la Palabra de Dios a pesar de la situación o las consecuencias". Con eso en mente, simplemente decidí creer en Dios. ¡Pondría mi esperanza en él, y solo en él!

El lunes 21 de marzo de 2011, después del diagnóstico de mi padre, recibimos una llamada en la que se nos informaba que el melanoma no se había propagado a los ganglios linfáticos. ¡Alabado sea Aquel que sostiene nuestro futuro en sus manos!

Hubo un período de curación, y en momentos la recuperación nos pareció lenta, ¡pero mi padre se recuperó!

Al momento de escribir esta nota, ha pasado un año desde esa experiencia. Mi padre llevará una cicatriz por el resto de su vida que le recordará la vida que pudo haber perdido, y que le fue devuelta. Y si miramos lo suficientemente cerca esa cicatriz, el nombre de Jesús está escrito allí.

Dios nos rodea
como el océano
Pacífico rodea un
guijarro en el fondo
del mar. Está en
todas partes; arriba,
abajo, por doquier.

DIOS TIENE UN PLAN

*Sacaron ellos a José de la cisterna, y le trajeron
arriba, y le vendieron a los ismaelitas por veinte
piezas de plata. Y llevaron a José a Egipto.*

GÉNESIS 37:28

Camino a Egipto. Hacía unas horas, la vida
de José no podía ser mejor. Tenía una túnica nueva y era
el niño consentido de la casa. Soñaba que sus hermanos y
padres le rendirían reverencia. Pero todo lo que sube debe
bajar, y la vida de José se desmoronó de golpe. Traicionado por sus hermanos. Dejado a su suerte en un pozo
vacío. Abandonado y vendido como un esclavo. Llevado
a Egipto.

Su vida se vino abajo. Fue despojado de su nombre, de
su nivel social y de su posición. Perdió todo lo que tenía y
todo lo que pensaba que había tenido. Así de simple.

¿Es este nuestro caso? ¿Sentimos que nuestra vida se
desmorona, que vamos camino a la quiebra, que perde-
remos la custodia de los niños, que la suerte nos ha abandonado, que vamos camino a Egipto?

La vida nos empuja hacia abajo.

José llegó a Egipto sin nada. Ni un centavo estaba a su
nombre, ni tenía un nombre digno de un centavo. Su árbol
genealógico era insignificante. Su ocupación era despre-
ciada.[2] Los rasurados habitantes de las pirámides evitaban
a los barbudos beduinos del desierto.

Sin una credencial que mostrar. Sin una vocación.

Sin una familia en la cual apoyarse. Lo perdió todo, con excepción de una cosa: su destino.

Gracias a esos extraños sueños, el cielo lo había convencido de que Dios tenía planes para él. Los detalles obviamente eran vagos y poco precisos. No había manera de conocer los pormenores de su futuro. Pero los sueños le decían algo: él tendría un lugar prominente en medio de su familia. José se aferró a esos sueños como a un salvavidas.

¿De qué otra manera podríamos explicar su supervivencia? La Biblia no dice nada sobre su entrenamiento, educación, habilidades o talentos. Pero el narrador hace énfasis en el destino de José.

El niño hebreo perdió su familia, su dignidad y su país de origen, pero nunca dejó de creer que Dios creía en él. En su recorrido a través del desierto caminó a Egipto, resolvió: *Mi vida no terminará de esta manera. Dios tiene un sueño para mí.* Mientras cargaba las pesadas cadenas de su esclavitud, recordó que había sido llamado a ser mucho más que eso. Mientras era llevado a rastras a una ciudad de extrañas lenguas y rostros afeitados, se dijo: *Dios tiene mayores planes para mí.*

Dios tenía un destino para José, y el chico creía en él.

NO NOS
DESESPEREMOS,
DIOS
ESTÁ CERCA

CUANDO EL
MUNDO SE HUNDE

Melanie Jasper dice que su hijo Cooper nació con una sonrisa en su rostro. Dos hermosos hoyuelos estaban siempre presentes en sus mejillas. Se ganó los corazones de todos los que lo conocieron: sus tres hermanas mayores, sus padres, sus abuelos, sus maestros, y sus amigos. Le encantaba reír y dar amor. Su padre J. J., sin ocultar su orgullo, lo llama "el niño perfecto".

Y Cooper nació en el seno de una familia perfecta. Granjeros de profesión, amantes de la diversión, buscadores de Dios, y hambrientos de Cristo, J. J. y Melanie vertieron sus corazones en sus cuatro hijos. J. J. Disfrutaba al máximo cada momento que tenía con su único hijo, y ese fue el motivo por el que se subió con él al *buggy* arenero el 17 de julio de 2009. El plan inicial era cortar la hierba juntos, pero la cortadora de césped necesitaba una bujía; así que mientras Melanie fue a la ciudad a comprar una, J. J. y Cooper, de cinco años, aprovecharon la oportunidad para dar un rápido paseo. Habían hecho ese recorrido mil veces, bajando por un camino de tierra en el pequeño carro hecho de tubos. El viaje no era nada nuevo, pero la volcada lo fue. Era un camino completamente llano, y Cooper estaba bien asegurado a su lado, de repente, en una de las curvas, el carrito se volcó y comenzó a dar vueltas.

Cooper no respondía. J. J. Llamó al 911 y luego a

Melanie. "Tuvimos un accidente —le dijo—. No creo que Cooper sobreviva". Las siguientes horas fueron la peor pesadilla de cualquier padre: ambulancia, sala de emergencias, llanto y crisis. Y finalmente la noticia: Cooper había pasado de esta vida al cielo. J. J. y Melanie se vieron haciendo lo impensable: seleccionando un ataúd, organizando un funeral y pensando en cómo sería la vida sin su único hijo. Los días siguientes cayeron como en un letargo. Cada mañana al despertar se abrazaban y lloraban inconsolablemente. Después de reunir suficiente valor para salir de la cama, bajaban a encontrarse con familiares y amigos que los esperaban. Trataban de apoyarse el uno al otro durante el día hasta la hora de acostarse. Luego se iban a la cama, se abrazaban y lloraban hasta dormirse.

J. J. me dijo: "No existe un entrenamiento o un libro en este planeta que pueda prepararte para que un hijo de cinco años muera en tus brazos…Nosotros sabemos lo que es tocar ese fondo".

El fondo. Pasamos gran parte de nuestra vida, si no la mayor parte de ella, a media altura. De vez en cuando alcanzamos un pico: nuestra boda, una promoción, el nacimiento de un hijo. Pero la mayor parte de la vida volamos a media altura, en medio de nuestras ocupaciones diarias: movernos de un lado a otro, ajustar el presupuesto, y récipes médicos.

Pero de vez en cuando el mundo se nos voltea. El *buggy* arenero se vuelca, el mercado inmobiliario se desmorona, el resultado del laboratorio da positivo; y antes de que nos demos cuenta, descubrimos cómo luce el fondo.

La herida de J. J. es aún muy profunda, pero su fe lo es aún más. Cada vez que habla del día en que perdió a Cooper, dice: "Nosotros sabemos cómo es el fondo, pero también sabemos quién está ahí esperándonos: Jesucristo".

"Dios nos susurra en nuestros placeres, nos habla en nuestra consciencia, y nos grita en nuestro dolor".

C. S. LEWIS

En sus propias palabras:

LA HISTORIA
DE CLAY

Como diabético de tipo 1 de toda la vida, sabía lo que me esperaba. Había visto morir a mi madre de insuficiencia renal a sus 48 años, y yo tenía ahora 49. Durante años mis riñones habían estado perdiendo lentamente su funcionalidad, y ahora estaban en el 40 por ciento. Yo solo quería ver a mi único hijo graduarse de la secundaria. Pero Dios tenía otros planes.

Dos días antes de la graduación de mi hijo, tuve un ataque al corazón que nunca sospeché que podía sufrir. Yo estaba en gran forma: trabajaba cinco o seis días a la semana, tenía una complexión delgada, y el colesterol bajo. Los médicos me dijeron, sin embargo, que los años de diabetes habían causado la formación de placa en mis arterias. Lo siguiente que supe, era que había llegado el momento de someterme a una operación de baipás coronario. Todo aquello que es importante para uno: el trabajo, la casa, las celebraciones de graduación, o lo que sea; se desvanece cuando nos dicen que es necesario que abran nuestro pecho en dos.

Mi esposa y yo lloramos mientras planificábamos para lo peor y orábamos por lo mejor. Sobreviví a la operación, y comencé el proceso de recuperación. El tinte que usaron en el proceso de mapeo de mis arterias, sin embargo, hizo que mi función renal disminuyera al 20 por ciento.

Después de algunos días quedó claro que mi función renal seguiría empeorando: necesitaba un trasplante de riñón.

Mientras mi esposa estaba en la clínica esperando ser probada como posible donante, además de orando; Paul, el padre del amigo de mi hijo, se acercó a ella. Puso su mano sobre su hombro y le dijo que estaba allí para que le hicieran la misma prueba. Yo solo había visto a Paul unas pocas veces. Resultó que era miembro de Journey Fellowship, una iglesia que habíamos visitado unas cuantas veces (¡y que ahora es nuestra iglesia!). Por la gracia de Dios, resultó ser compatible como donante.

A medida que pasaron las semanas, mi cuerpo se debilitaba, pero mi espíritu se fortalecía al ver la mano del Señor obrando en mi vida a través de innumerables personas y en respuesta a muchas oraciones. Tuve diez procedimientos médicos, incluyendo cuatro operaciones en seis meses y luego diálisis. La culminación fue el 15 de diciembre de 2010, con Paul y yo acostados lado a lado en el hospital esperando la operación de trasplante. Ambos salimos bien de ella, y demás está decir que hoy nuestras familias son grandes amigas.

El año 2010 estuvo cargado de gran dolor físico e intenso sufrimiento emocional, pero aunque pueda parecer extraño, no lo cambiaría ahora por nada. Dios me acercó a Él a través de todas las luchas, más de lo que había estado en cualquier período de mi vida. Aunque había crecido en la iglesia y también en mi fe, la perspectiva que ahora tengo de la vida no tiene precio. Estoy muy agradecido por todos los pequeños detalles de cada día; y veo la belleza, el amor y el propósito de Dios en todas partes.

Jamás iremos a donde Dios no esté.

¿A dónde me iré de tu Espíritu? ¿Y a dónde huiré de tu presencia? […] Si tomare las alas del alba y habitare en el extremo del mar, aun allí me guiará tu mano, y me asirá tu diestra. * Esforzaos y cobrad ánimo; no temáis, ni tengáis miedo de ellos, porque Jehová tu Dios es el que va contigo; no te dejará, ni te desamparará. * No está lejos de cada uno de nosotros. * Jehová está en medio de ti, poderoso, él salvará; se gozará sobre ti con alegría, callará de amor, se regocijará sobre ti con cánticos.

SALMO 139:7, 9–10; DEUTERONOMIO 31:6; HECHOS 17:27; SOFONÍAS 3:17.

DIOS ESTÁ PRESENTE

*Llevado, pues, José a Egipto, Potifar, oficial de
Faraón, capitán de la guardia, varón egipcio, lo
compró de los ismaelitas que lo habían llevado allá.*

GÉNESIS 39:1

La subasta comenzó en el bloque de subastas de Egipto,
y por segunda vez en su joven vida, José estuvo en
venta. El hijo consentido de Jacob fue sometido a inspección, examinado por pulgas, y empujado como un burro.
Potifar, un oficial egipcio, lo compró. José no hablaba
el idioma ni conocía la cultura local. La comida era extraña, el trabajo era agotador, y todo estaba en su contra.

Así que pasemos la página y preparémonos para lo peor.
El siguiente capítulo de su historia nos hablará de la caída
de José en la adicción, la ira y la desesperación, ¿cierto?
Pues no.

"Mas Jehová estaba con José, y fue varón próspero; y
estaba en la casa de su amo el egipcio" (Génesis 39:2).
José llegó a Egipto con nada más que la ropa que cargaba y el llamado de Dios en su corazón. Sin embargo,
al cabo de cuatro versículos, ya estaba dirigiendo la casa
del hombre que dirigía la seguridad del Faraón. ¿Cómo
explicamos este cambio? Simple: Dios estaba con él.

"Jehová estaba con José, y fue varón próspero" (v. 2).

"Y vio su amo que Jehová estaba con él" (v. 3).

"Jehová bendijo la casa del egipcio a causa de José" (v. 5).

"La bendición de Jehová estaba sobre todo lo que tenía" (v. 5).

La historia de José se diferencia en esto de todos los libros de autoayuda y las "fórmulas para alcanzar el éxito" que invitan a buscar el poder dentro de nosotros mismos ("nuestro poder interno"). La historia de José señala a otro lugar ("mirar hacia arriba"). Él tuvo éxito porque Dios estaba presente. Dios era para José lo que una manta es para un bebé: lo cubrió con su protección.

¿Hay alguna posibilidad de que él actúe igual con nosotros? Nosotros estamos viviendo nuestra propia versión personal de Egipto. Nos sentimos extranjeros. No hablamos el idioma. Jamás estudiamos el vocabulario de la crisis. Nos sentimos lejos de casa, solos. Sin dinero. Con las expectativas destruidas. Sin amigos. ¿Quién queda? Dios.

Si hay una enseñanza en la historia de José, es que Dios puede usar Egipto para que sepamos que él está con nosotros. Nuestra familia puede haberse ido. Nuestros amigos pueden habernos abandonado. Nuestro consejero puede no saber ya qué decirnos. Pero Dios sigue allí. Su promesa sigue siendo: "Yo estoy contigo, y te guardaré por dondequiera que fueres" (Génesis 28:15).

Jamás iremos a donde Dios no esté.

Imagine las próximas horas de su vida. ¿Dónde se encontrará? ¿En una escuela? Dios estará en esa aula. ¿En una autopista? Su presencia estará allí en medio del tráfico. ¿En una sala de operaciones? ¿En una junta ejecutiva? ¿En la casa de los suegros? ¿En un funeral? Dios estará allí. "Él no está lejos de ninguno de nosotros" (Hechos 17:27, NVI).

La presencia de
Dios no está sujeta
a un buen humor o
un temperamento
agradable. Dios
estará cerca así
estemos alegres o no.

CUANDO
LO BUSCAMOS
PARA QUE NOS
FORTALEZCA

En sus propias palabras:

LA HISTORIA
DE SHELLEY

¡La vida! Justo cuando creo que estoy empezando a entender y aceptar la omnipotencia de Dios en este mundo lleno de dolor; justo cuando empiezo a confiar en Dios a pesar de la angustia que he experimentado—y que él ha permitido—, es que soy más atacada por el enemigo. ¿Le pasa esto a usted también? Cuando he establecido el hábito de leer la Palabra de Dios habitualmente, de orar todos los días, y tratando de permanecer lo mejor que puedo en su camino de justicia; cuando he comenzado a acostumbrarme a vivir mi fe en Jesús, entonces el león rugiente hace acto de presencia para acorralarme.

Soy viuda, y aunque me tocó criar a tres adolescentes por mi cuenta, trabajando a tiempo completo para igualar el pago de la seguridad social que recibía por los niños, aún no recibía lo suficiente. Me moví mucho buscando recursos para ayudar a llenar el vacío de no tener un padre, aparte de todo lo que mi situación conllevaba, como buscar transporte, conseguirles a los niños la tutoría que necesitaban y hacer frente a carencias monetarias ocasionales. Pero estábamos cómodos, pagaba mis cuentas a tiempo, y me sentía en paz de tener a los hombres como amigos. No permitía que mis inseguridades me obligaran a tener que buscar a alguien.

En el 2001 tenía el trabajo de mis sueños, cuando de

repente me llegó la planilla rosada de despido en un mensaje de texto a mi celular. ¡Me quedé atónita! Apenas unos días antes había tomado un préstamo para consolidar mis tarjetas de crédito y acabar con mis deudas. Comencé a llorar, pensando qué iba a hacer ahora.

Unos días después, ocurrieron los ataques del 11 de septiembre. ¡Boom! Me había quedado desempleada, tratando de digerir los indigeribles ataques del 11 de septiembre, viendo a mi hija a punto de ser operada, y con un hijo adolescente al que ya no le estaba quedando su ropa. Era natural que mi fe sufriera. Nuestro mantra familiar siempre había sido: "¡Aún tenemos comida en nuestras bocas y un techo sobre nuestras cabezas!" (y esa de hecho era mi manera de animar a los niños para que reconocieran la provisión de Dios para con nosotros). De rodillas, abrumada y temerosa, repetí las promesas de Dios mientras buscaba tanto su misericordia como su dirección.

Es curioso cómo Dios trabaja tras bambalinas mientras problemas aparentemente gigantes llenan el escenario de nuestra vida.

Llamé a mi jefe, le expliqué lo de la cirugía pendiente y le pregunté por mi seguro. Se ofreció a pagar tres meses de cobertura, así que me mostré muy agradecida de que me ayudara con eso.

Le pedí a Dios que me ayudara ahora que estaba desempleada, y que me mostrara qué debía hacer a continuación. Una amiga me sugirió que estudiara algo que pudiera ayudarme a sostenerme por mí misma. Esa misma amiga me ayudó a buscar una pasantía en la que me pagaran, y se ofreció para cubrir todas las necesidades imprevistas que pudieran surgir.

Cada semestre encontré programas que cubrieron los costos de mis estudios, y me gradué como la mejor de mi clase.

Algunas familias proporcionaron ropa para mi hijo, y otros me enviaron dinero para zapatos. Muchos me ayudaron financieramente cuando las necesidades abrumaron mi presupuesto. Cuando reflexiono sobre ese año de desempleo y otros años difíciles que siguieron, puedo ver cómo Dios cubrió cada petición por la que oré.

Dios nos ha prometido: "¡Pedid y se os dará!", y Dios cumple lo que promete. Él es fiel, y estoy muy orgullosa de ser su elegida, ¡incluso a través de las pruebas!

Abramos
cada poro de
nuestra alma
a la presencia
de Dios.

"Por lo demás, hermanos, os rogamos y exhortamos en el Señor Jesús, que de la manera que aprendisteis de nosotros cómo os conviene conduciros y agradar a Dios, así abundéis más y más. Porque ya sabéis qué instrucciones os dimos por el Señor Jesús".

1 TESALONICENSES 4:1–2

No se puede arreglar un matrimonio en problemas con una aventura amorosa, una adicción a las drogas con más drogas, o una deuda con más deuda. No podemos dejar de ser tontos, siendo más tontos. No salgamos de un desastre creando otro. Hagamos lo que agrada a Dios. Jamás será un error hacer lo correcto.

HAGAMOS LO CORRECTO

José llegó a tener influencia. Podía gastar y contratar, enviar y recibir. Los comerciantes tenían que rendirle cuentas, y la gente se fijaba en él. Incluyendo las mujeres. "José era muy guapo y atractivo" (Génesis 39:6, TLA). Todo un galán de Hollywood. Un tipazo de mandíbula fuerte, cabellos ondulados y bíceps que resaltaban cada vez que llevaba la bandeja de la señora Potifar, algo que ocurría a menudo. Y a ella le gustaba verlo. "Después de algún tiempo, la esposa de su patrón empezó a echarle el ojo y le propuso: 'Acuéstate conmigo'" (Génesis 39:7, NVI).

La primera dama de la casa hizo toda una dramatización para el esclavo hebreo, cortejándolo "cada día" (v. 10). Él tuvo muchas oportunidades de analizar la proposición. Y razones para aceptarla.

¿No era ella la esposa de su amo? ¿No estaba obligado a obedecer los deseos de su dueña, aunque esos deseos fueran tener sexo clandestino?

El poderoso Potifar tenía una selección de mujeres. Su esposa era probablemente la más hermosa de todas. José no había perdido sus impulsos viriles cuando perdió su abrigo de muchos colores. Un rato de pasión en los brazos de una amante atractiva y dispuesta sonaba como una excelente manera de relajarse.

¿No se lo merecía acaso? Siempre había vivido en soledad: rechazado por su familia, dos veces comprado y vendido como ganado, lejos de casa, lejos de amigos. Y el estrés de administrar la casa de Potifar. Supervisar los jardines colgantes y una multitud de esclavos. Dirigir el peculiar protocolo de las actividades oficiales. El trabajo de José era ciertamente agotador. Su decisión era bien justificable.

Hablemos con franqueza: Egipto puede ser un lugar complicado. Nadie puede decir que no es así. Pero Egipto también puede ser el caldo de cultivo de muchas decisiones insensatas. No empeoremos las cosas haciendo algo de lo cual nos arrepentiremos.

José se puso en alerta. Cuando la señora Potifar puso la trampa, él no cayó en ella (ver v. 8). No le dio tiempo a la tentadora ni le prestó atención; no charló con ella ni le dio esperanzas. Simplemente, "él no le hacía caso" (v. 10, DHH). Cuando su número aparecía en su teléfono celular, no le contestaba. Cuando ella le hacía una pregunta, no la respondía. Cuando ella entraba en su oficina, él se salía. Él la evitó como el veneno que era.

"Mi amo [Potifar] ha dejado a mi cargo todo lo que tiene", dijo él (v. 8, DHH). Acostarse con ella era pecar contra su señor. Qué raro suena esto, ¿cierto? En una sociedad que usa frases como "relación consensuada entre adultos" y "derechos sexuales", nos olvidamos de cómo la inmoralidad destruye las vidas de las personas que no están en la misma cama.

Y cada acto tiene consecuencias. José puso su lealtad por encima del placer. Honró a su señor, y a su *Señor*. La principal preocupación de José era Dios. "¿Cómo, pues, haría yo este grande mal, y pecaría contra Dios?"(v. 9).

La lección que aprendemos de José es sorprendentemente simple: *hagamos lo que agrada a Dios*. Nuestros compañeros de trabajo quieren incluir una visita a un cabaret en la agenda de la tarde. ¿Qué haremos? *Lo que agrada a Dios.* La persona con la que estamos saliendo nos invita a concluir la noche bebiendo en su apartamento. ¿Cómo responderemos? *Haciendo lo que agrada a Dios.* Un amigo nos invita a fumar marihuana; los compañeros de clase nos muestran una manera de hacer trampa en el examen; la internet nos da la oportunidad de ver pornografía...preguntémonos: ¿Cómo puedo agradar a Dios? "Ofreced sacrificios de justicia, y confiad en Jehová" (Salmo 4:5).

Porque todo aquel que hace la voluntad de mi Padre que está en los cielos, ese es mi hermano, y hermana, y madre. * Jehová está conmigo; no temeré lo que me pueda hacer el hombre. * No os dejaré huérfanos; vendré a vosotros. [...] El que tiene mis mandamientos, y los guarda, ese es el que me ama; y el que me ama, será amado por mi Padre, y yo le amaré, y me manifestaré a él. * Por lo demás, hermanos míos, fortaleceos en el Señor, y en el poder de su fuerza.

MATEO 12:50; SALMO 118:6;
JUAN 14:18, 21; EFESIOS 6:10.

En sus propias palabras:

LA HISTORIA
DE JUANITA

Había perdido a mi mejor amigo, el padre de mi hijos, mi esposo. Eso fue lo que viví el 5 de mayo de 2006. No hay nada más difícil en la vida que el duelo. Pero tener a Dios a mi lado hizo que la experiencia fuera realmente asombrosa.

Perdí a mi marido debido a una enfermedad hepática dieciséis años después de su primer trasplante en el año 1990. En el 2006 necesitó un segundo trasplante de hígado, así como un trasplante de riñón. Cuando murió, mi familia y mis amigos, y lo más importante, Dios, fueron testigos de mi dolor. Para ese momento yo tenía cincuenta años, y trabajaba en el campo de la medicina como asistente médico. Al principio me vi muy afectada, pero durante los siguientes dos años, tuve la bendición de tener hijos adultos a mi lado, y encontré gran consuelo en Dios y la iglesia. Dios me permitió volver a la universidad y terminar mi carrera en enfermería.

Estoy escribiendo esto seis años después del fallecimiento de mi marido, y sonrío al darme cuenta de que aún queda vida en mí. Sé, sin embargo, que habría sido imposible llegar hasta aquí sola. Necesitaba de Dios, y él estuvo allí para mí.

Tal vez alguna vez ha escuchado decir que "Dios es la respuesta". Pues yo estoy aquí para decirle que eso es verdad. Dios me rodea con su gracia, me ama, y me guía. Me mudé a una nueva ciudad en la que he comenzando una nueva vida. Poco después de la muerte de mi marido, me sentía como un cardo rodando sin rumbo. De vez en cuando mis pies tocaban el suelo, y la carga de dolor y de cambios resultaba muy pesada. En aquellos días, Dios me sostenía. Así como mi Padre celestial me sostuvo, él hará lo mismo por usted. Cuando las cargas de la vida sean demasiado pesadas, confíe en él. Usted es el tesoro del Señor.

No será indoloro, ni será rápido.

LAS LUCHAS NOS PREPARAN PARA LA VIDA

¿TIENE ALGÚN
PROPÓSITO ESTA LUCHA?

El 28 de noviembre de 1965, el avión de combate de Howard Rutledge explotó víctima del fuego enemigo. Howard se lanzó en paracaídas y cayó en manos del ejército de Vietnam del Norte, siendo rápidamente trasladado al "Heartbreak Hotel", una de las prisiones de Hanoi.

Cuando la puerta se cerró de golpe y fue girada la llave en la vieja cerradura de hierro oxidado, una sensación de completa soledad me invadió. Me acosté en la fría losa de cemento en mi celda de 6 x 6 pies (182 x 182 cm). El olor a excrementos humanos era insoportable. Una rata, tan grande como un gato pequeño, me pasó corriendo por el lado. Las paredes, los pisos y los techos estaban mugrientos. Había una pequeña ventana de barrotes por encima de la puerta. Tenía frío y hambre, y me atormentaba el dolor de las articulaciones inflamadas y los músculos torcidos. [...]

Es difícil describir lo que el confinamiento en soledad puede hacer para doblegar y derrotar a un hombre. Uno pronto se cansa de ponerse de pie y sentarse, de dormir y estar despierto. No hay libros, ni papel, ni lápices, ni revistas, ni periódicos. Los únicos colores que se ven son gris oscuro y marrón sucio. Los meses o los años pasan desapercibidos cuando no vemos la salida del sol o la luna, la hierba verde o las flores. Estamos encerrados, solos y en silencio en nuestra pequeña celda sucia respirando aire rancio y podrido, tratando de mantener la cordura.[3]

Howard Rutledge agradece ahora por ese tiempo en el que fue prisionero de guerra en Vietnam. Escribió:

Durante esos largos períodos de reflexión forzosa, se me hizo mucho más fácil separar lo importante de lo trivial, lo valioso de lo que no tiene valor [...]. Mi hambre de alimento espiritual pronto superó mi hambre por un bistec. [...] Quise saber sobre la parte de mí que nunca morirá [...]. Quería hablar de Dios, de Cristo y de la iglesia [...]. La cárcel me enseñó cuán vacía es la vida sin Dios.

El 31 de agosto, después de veintiocho días de tortura, podía recordar que tenía hijos, pero no cuántos. Repetía el nombre de Phyllis una y otra vez para no olvidarlo. Oraba pidiendo fuerzas. Fue en aquella vigésima octava noche que le hice una promesa a Dios. Si me permitía sobrevivir a esta prueba, el primer domingo de vuelta a la libertad llevaría a Phyllis y a mi familia a su iglesia...confesaría mi fe en Cristo y me uniría a la iglesia. Este no era un trato con Dios para que me ayudara a pasar aquella

última noche desdichada. Fue una promesa
hecha después de meses pensando. Fue necesario estar en cautiverio y horas de penosa
reflexión para entender cuánto necesitaba a
Dios y a la comunidad de creyentes. Después
de haber hecho a Dios esa promesa, nuevamente oré pidiéndole fuerzas para poder sobrevivir esa noche.[4]

Pocos de nosotros enfrentaremos una situación similar a la de un prisionero de guerra. Sin embargo, en un
grado u otro, todos pasamos tiempo detrás de las rejas.

- Mi correo electrónico contiene hoy una petición de oración para una joven madre re-
  cién diagnosticada con lupus. Esta mujer
  es presa de la mala salud.
- Tomé café ayer con un hombre cuya esposa lucha contra la depresión. Él se siente
  estancado (esto es lo primero que lo en-
  cadena) y culpable por sentirse estancado
  (su segunda cadena).
- Después de medio siglo de matrimonio, la
  esposa de un amigo comenzó a perder la
  memoria. Él tiene que quitarle las llaves
  del automóvil para que ella no conduzca.
  Tiene que estar cerca de ella para que no
  se caiga. Ellos tenían la esperanza de en-
  vejecer juntos. Todavía pueden, pero solo
  uno de ellos sabrá cuál es el día de la semana en el que están.

Cada uno de estos individuos se pregunta: *¿Dónde está Dios? ¿Por qué Dios permite tal encarcelamiento? ¿Tiene un propósito esta lucha?*

Cada día Dios nos prueba a través del dolor, los problemas y otras personas. Detengámonos y analicemos nuestra situación. ¿Podemos identificar las pruebas por las que estamos atravesando? ¿Una congestión de tráfico? ¿Una amenaza en el clima? ¿Dolor en las articulaciones?

No veamos nuestra lucha como una interrupción de la vida, sino como preparación para la vida. Nadie dijo que el camino sería fácil o que no habría dolor. Pero Dios usará nuestro desastre para algo bueno. "Dios nos corrige para nuestro verdadero bien, para hacernos santos como él" (Hebreos 12:10, TLA).

Sepámoslo
o no,
querámoslo
o no, Dios
está obrando
en nosotros.

[Dios] no aflige ni entristece voluntariamente a los hijos de los hombres. * El que comenzó en vosotros la buena obra, la perfeccionará hasta el día de Jesucristo. * Que el Dios de paz [...] haciendo él en vosotros lo que es agradable delante de él por Jesucristo; al cual sea la gloria por los siglos de los siglos. * Pues ya saben que cuando su fe es puesta a prueba, ustedes aprenden a soportar con fortaleza el sufrimiento. Pero procuren que esa fortaleza los lleve a la perfección, a la madurez plena, sin que les falte nada.

LAMENTACIONES 3:33; FILIPENSES 1:6; HEBREOS 13:20-21, RVR1995; SANTIAGO 1:3-4, DHH.

LA HISTORIA
DE DINA

Mi marido y yo apenas habíamos estado casados dos meses, cuando nos enteramos de que yo estaba embarazada. El día de mi cumpleaños nos enteramos de que el bebé era un niño. También nos enteramos de que no solo tenía un defecto cardíaco, sino de que había una alta probabilidad de que tuviera síndrome de Down. Ese día fue terrible para nosotros, y lloramos como nunca lo habíamos hecho. Pero decidimos no realizar la amniocentesis, una prueba que podría haber confirmado el trastorno, y dejamos la salud de nuestro bebé en las manos de Dios.

Christian Coover nació el 14 de noviembre de 2011 con síndrome de Down, con un defecto de canal AV (atrioventricular) en su corazón del cual ya nos habían advertido, y con un defecto cardíaco aórtico que los médicos no habían detectado en los ultrasonidos. La mayoría de los bebés con problemas cromosómicos nacen prematuros y pequeños. Christian, sin embargo, nació a término, pesó 8.2 libras (3.71 kg) y midió 21 pulgadas (53 cm).

Dos días después de su nacimiento, nuestro bebé fue llevado a quirófano para una operación de emergencia de corazón abierto, cuya recuperación se suponía que duraría tres días. Sin embargo, pasamos dos meses en la unidad de cuidados intensivos. Más tarde nos enteramos de que los médicos nunca habían visto esta combinación de defectos cardíacos. Durante ese tiempo oré con mucho fervor, convencida de que Dios sanaría a mi bebé. Sabía que mi hijo sería un bebé milagroso.

Mientras Christian estaba en el hospital, mucha gente oraba por él. Mi madre siempre me recordaba que "Christian tenía a muchas personas de rodillas ante Dios". Pero debido a todos los medicamentos y a su trastorno, sus riñones dejaron de funcionar. No había nada más que los médicos pudieran hacer por él. Dios decidió no responder mi oración como yo esperaba que lo hiciera. Christian falleció el 11 de enero de 2012.

Perder a nuestro bebé no me parecía normal. Es lo más difícil que mi esposo y yo hemos atravesado. Aún no entiendo completamente por qué Dios no respondió nuestras súplicas para que lo curara. ¿Para qué orar si Dios finalmente va a hacer lo que Él quiere? Sin duda, mi fe nunca había sido probada de esa manera. A veces el dolor era tan grande, que dudaba de la existencia misma de Dios. Perdí a mi bebé y, con él, muchos de mis sueños.

Pero he llegado a entender que Christian le pertenecía a Dios, y no a mí. Y creo que tenemos que confiar en que Dios hace lo que es mejor para nosotros. También creo que Dios respondió mi oración por la curación de Christian restaurando su cuerpecito en el cielo, que es un lugar mucho mejor que cualquier lugar de esta tierra.

Todavía extrañamos muchísimo a nuestro bebé, pero creemos firmemente Christian estuvo con nosotros durante esos dos meses por un propósito. La historia de Christian nos ha dado la oportunidad de conectarnos con otros que también se han sentido como nosotros. Mi esposo y yo también creemos que por la gracia de Dios superaremos esto, y que algún día estaremos con nuestro Señor y nuestro pequeño ángel arriba en el cielo.

JOSÉ...¿EN UN CAMPO DE ENTRENAMIENTO?

Y tomó su amo a José, y lo puso en la cárcel, donde estaban los presos del rey, y estuvo allí en la cárcel. Pero Jehová estaba con José y le extendió su misericordia, y le dio gracia en los ojos del jefe de la cárcel, [...] y lo que él hacía, Jehová lo prosperaba.

GÉNESIS 39:20–21, 23

Si la señora Potifar no podía convencer a José para que se metiera en su cama, entonces lo obligaría. Ella prácticamente lo desnudó, pero él la dejó con su ropa en la mano. Su dignidad era más importante que la ropa que tenía puesta. Salió corriendo, y entonces ella inventó una historia. Cuando Potifar regresó a casa, tenía lista la mentira y la ropa de José como prueba. Potifar acusó a José de agresión sexual y lo encerró en la cárcel.

José no fue metido en una prisión como las conocemos hoy en día, sino en una especie de recinto con habitaciones subterráneas sin ventanas, con suelos húmedos, comida vieja y agua amarga. Los guardias lo empujaron a la mazmorra y cerraron la puerta. José apoyó la espalda contra la pared y se deslizó hasta el suelo. "¡Yo no hice nada aquí para que me echaran en la cárcel!" (Génesis 40:15, NVI).

José había dado lo mejor de sí en la casa de Potifar. Había acumulado una fortuna para su empleador. Había hecho sus tareas y tenía la habitación ordenada. Se había adaptado a una nueva cultura. Había resistido la tentación sexual. ¿Qué recompensa recibía? Una pena de prisión sin posibilidad de libertad condicional.

¿Por qué Dios no sacó a José de la cárcel? ¿Podría ser esta la respuesta? "Siempre que se pone a prueba la fe, la constancia tiene una oportunidad para desarrollarse. Así que dejen que crezca, pues una vez que su constancia se haya desarrollado plenamente, serán perfectos y completos, y no les faltará nada" (Santiago 1:3–4, NTV).

"Y el jefe de la cárcel entregó en mano de José el cuidado de todos los presos que había en aquella prisión; todo lo que se hacía allí, él lo hacía" (Génesis 39:22). ¿Alguien dijo liderazgo? José logró realizar en la prisión un servicio para Potifar, a pesar de que allí le asignaron hombres indisciplinados, irrespetuosos e ingratos. Él pudo haberse arrodillado en un rincón y decir: "He aprendido la lección. No voy a hacer más nada por nadie". Pero no se quejó ni criticó. Mostró un espíritu dispuesto con los prisioneros.

Dios no había terminado. El panadero y el copero comenzaron a tener unos sueños que los atormentaban. Ambos hombres buscaron el consejo de José, y José recibió una interpretación de Dios. ¿La compartiría? La última vez que José habló de sueños, terminó en el fondo de una cisterna seca. Además, solo el cincuenta por ciento de lo que soñaron era una buena noticia. ¿Se podía confiar en José para que comunicara las noticias de Dios? Si era llamado para presentarse delante de Faraón, ¿transmitiría José con exactitud la palabra de Dios? Esta era una prueba, y José la pasó. Le dio al copero buenas noticias: ("Saldrás de aquí en tres días") y malas noticias al panadero ("Estarás muerto en tres días"). Uno tendría un nuevo comienzo, el otro una soga alrededor del cuello.

Pruebas, pruebas y más pruebas. El calabozo parecía una prisión, olía como una prisión, sonaba una prisión, pero si le hubiéramos podido preguntar a los ángeles celestiales dónde estaba José, ellos habrían respondido: "¿José? Está en el campo de entrenamiento".

José estaba la cárcel. Desde el punto de vista terrenal, la cárcel egipcia era la trágica conclusión de su vida. Satanás podía anotarse un punto para el lado oscuro. Todos los planes para usar a José terminaron cuando cerraron la puerta de su celda. El diablo tenía a José justo donde quería. Y Dios también.

> *Le lastimaron los pies con grilletes y en el cuello*
> *le pusieron un collar de hierro. Hasta que llegó*
> *el momento de cumplir sus sueños, el Señor*
> *puso a prueba el carácter de José.*
> SALMO 105:18–19, NTV

Lo que Satanás preparó para hacer daño, Dios lo usó como prueba.

Si vemos nuestros problemas únicamente como dificultades y sufrimientos aislados, terminaremos amargados y malhumorados. En cambio, si vemos nuestros problemas como pruebas que Dios usa para su gloria y nuestra madurez, hasta el más pequeño de los incidentes adquirirá un significado.

Todo reto, grande o pequeño, puede capacitarnos para una oportunidad futura.

*No se calmará el ardor de la ira de
Jehová, hasta que haya hecho y cumplido
los pensamientos de su corazón.*

JEREMÍAS 30:24

No es poca cosa andar en silla de ruedas, que
nuestra despensa esté vacía, o que nuestro
corazón esté hecho pedazos. Son desafíos
cuesta arriba que nos toca enfrentar, para
nada fáciles.

Pero tampoco son fortuitos. Dios no es
soberano *a veces*. No es victorioso *ocasio-
nalmente*. Él no ocupa el trono un día y lo de-
socupa al día siguiente. La etapa personal en
la que nos encontramos puede engañarnos a
nosotros, pero no a Dios. Él puede usarla, y la
usará para su propósito.

DIOS
ESTÁ EN
TODOS LOS DÍAS

PERMANEZCAMOS ENFOCADOS EN DIOS

"Estad quietos, y conoced que yo soy Dios" (Salmo 46:10) dice un aviso en la pared de la sala de espera de dios.

Podemos estar contentos porque Dios es bueno.

Podemos estar quietos porque Él está activo.

Podemos descansar porque él está ocupado…

Esperar, bíblicamente hablando, no es imaginar lo peor, preocuparnos, alterarnos, hacer exigencias, o tratar de controlar la situación. Tampoco es esperar inactividad. Es un esfuerzo sostenido para permanecer enfocados en Dios, orando y creyendo. El que espera en Dios, "Guarda silencio ante Jehová, y espera en él", sin alterarse (Salmo 37:7).

> *Los que esperan a Jehová tendrán nuevas fuerzas; levantarán alas como las águilas; correrán, y no se cansarán; caminarán, y no se fatigarán.*
> ISAÍAS 40:31

Tendremos nuevas fuerzas y un vigor renovado. Nuestras piernas no se cansarán. Deleitémonos en Dios, y Él dará descanso a nuestra alma.

En sus propias palabras:

LA HISTORIA
DE GLENDA

Yo había estado casada durante veinticinco años, y era madre de tres hijos; hasta un día en 1996, cuando la vida como la conocía en Little Rock, Arkansas, cesó. Aunque el divorcio fue de mutuo acuerdo, fue muy doloroso debido a la infidelidad. Sentí una extraña libertad y paz cuando él se mudó a Tennessee con su nueva esposa. Poco sospechaba que pronto yo enfrentaría dolor y desesperación. Nuestros dos hijos mayores ya eran adultos y estaban bien encaminados. Heather, nuestra hija menor, tenía trece años, y la corte nos había asignado la custodia compartida: ella debía vivir conmigo y recibir visitas de su padre.

En junio de 1998, el padre de Heather la recogió para llevársela durante tres semanas. Ella y yo habíamos decidido comenzar una nueva y mejor vida para nosotras mudándonos a Texas luego de que ella regresara. Pero dos días antes de su programado regreso, Heather me llamó. Me di cuenta de que había estado llorando, y me dijo que había decidido quedarse con su padre. Él la había convencido de que si quería una vida mejor, la obtendría con su nueva familia, y no conmigo.

Caí de rodillas con la respiración entrecortada. Seguidamente Heather me dijo que me amaba y que nos veríamos en un par de días para recoger sus cosas. Al día siguiente, tocaron la puerta a las siete de la mañana y me entregaron una citación para que compareciera en la corte: su padre y su nueva esposa querían la custodia total de mi hija. Yo sabía que estaban haciendo esto por pura maldad, y también que no podría enfrentarlo cuando la sacara de mi casa. Así que me mudé a Texas sin Heather. Mi orgullo y mi dolor me hicieron tomar esa decisión.

Pasaron cuatro años en los que no hubo mucha conversación, debido a que Heather sentía que yo la había abandonado. Muchas veces no contestaba mis llamadas telefónicas, o hacía algún comentario odioso antes de colgar. El dolor era intenso, y me sentía despreciable. Me había perdido de ver a mi hija tener su primera cita, y de verla aprender a conducir. No tuve la oportunidad de compartir todas esas maravillosas "primeras veces" que los padres cuentan orgullosos de sus hijos. No podía abrazarla. Me culpaba por todo ello.

Poco tiempo después de graduarse de la escuela secundaria, Heather se unió a la Armada, y en ese momento supe que la había perdido para siempre. Yo no me había vuelto a Dios para ese entonces, y tampoco lo hice en esa ocasión. En lugar de acudir a Él, tomé un rumbo oscuro y lleno de pecado en un esfuerzo por evitarlo. Pero el dolor de mi pecado se me hizo insoportable. Me puse de rodillas y le pedí a Dios que me perdonara, y seguidamente me perdoné a mí misma. Sentí que el amor de Dios cayó sobre mí y me envolvió. Una vida nueva y plena se abrió delante mí. Había recuperado mi alegría.

Una tarde, sonó el teléfono, y oí una voz familiar decirme: "Mamá, quiero volver a casa". Heather había decidido dejar la Armada. Dos días más tarde abracé a mi hija por primera vez en cuatro años. Eso fue en el año 2002. Dios escuchó mis súplicas y me envió a Heather a casa. Ahora, diez años después, Dios me ha bendecido con un maravilloso yerno y tres hermosas nietas. Mi hija le entregó su vida al Señor y fue bautizada. Heather y yo nos abrazamos mucho ahora. Dios estuvo siempre a nuestro lado durante esos cuatro años intensos y dolorosos.

Estoy seguro de que los sufrimientos por los que ahora pasamos no son nada, si los comparamos con la gloriosa vida que Dios nos dará.

ROMANOS 8:18

Lo que está por venir le dará sentido a lo que estamos pasando. Dejemos que Dios termine su trabajo. Permitamos que el compositor complete su sinfonía. El pronóstico es sencillo: habrá días buenos y días malos, pero Dios estará todos los días. Él es el Señor de la hambruna y de la abundancia, y usará ambas cosas para cumplir su voluntad.

LA ESPERA

Acuérdate, pues, de mí cuando tengas ese bien, y te ruego
que uses conmigo de misericordia, y hagas mención de
mí a Faraón, y me saques de esta casa [...]; y tampoco
he hecho aquí por qué me pusiesen en la cárcel. [...] Y el
jefe de los coperos no se acordó de José, sino que le olvidó.

GÉNESIS 40:14–15, 23; 41:1

¡Dos años! Veinticuatro meses de silencio. Ciento cuatro semanas de espera. Setecientos noventa días de incertidumbre. Dos mil ciento noventa comidas a solas. Diecisiete mil quinientas veinte horas tratando de escuchar a Dios y no oír más que silencio.

Mucho tiempo para amargarse, volverse cínico y malhumorado. Otros han renunciado a Dios por motivos menores en menos tiempo.

Pero no José. Un día que comenzó como cualquier otro, oyó una algarabía en la entrada de la mazmorra. Voces altas e impacientes exigían: "¡Estamos aquí por el hebreo! ¡El Faraón quiere ver al hebreo!". José levantó la mirada desde su esquina, para ver al carcelero, sorprendido y balbuceando. "¡Levántate! ¡Rápido, levántate! Dos guardias del cortejo le pisaban los talones. José los recordó de sus días al servicio de Potifar. Lo tomaron por los antebrazos y lo sacaron del calabozo. José tuvo que entrecerrar los ojos ante la brillante luz del sol. Fue llevado a través de un patio hasta una habitación. Varios asistentes lo rodearon, le quitaron la ropa sucia, le lavaron el cuerpo y le afeitaron la barba. Lo vistieron con un traje blanco y le colocaron sandalias nuevas. Los guardias reaparecieron y lo llevaron a la sala del trono.

Y así fue que José y Faraón se miraron a los ojos por primera vez.

El rey no había dormido bien la noche anterior. Diversos sueños dificultaron su descanso, y había oído hablar de la habilidad de José. "Dicen que puedes interpretar sueños. Mis consejeros están mudos como piedras. ¿Me puedes ayudar?".

Los últimos dos encuentros de José no habían terminado muy bien. La señora Potifar había levantado una calumnia. El copero se había olvidado de él. En ambos casos, José había mencionado el nombre de Dios. Tal vez esta vez debía cuidarse en salud y mantener su fe en secreto.

Pues no fue así. "No está en mí; Dios será el que dé respuesta propicia a Faraón" (Génesis 41:16).

José salió del calabozo presumiendo de Dios. La cárcel no había destruido su fe, sino que la había profundizado.

¿Y qué de nosotros? No estamos presos, pero tal vez somos estériles; estamos inactivos o en el limbo; en una transición laboral; o en busca de salud, de ayuda, de una casa o de un cónyuge. ¿Estamos en la sala de espera de Dios? Si es así, esto es lo que necesitamos saber: *Mientras estamos esperando, Dios está obrando.*

"Mi Padre nunca deja de trabajar", dijo Jesús (Juan 5:17, TLA). Dios nunca está de brazos cruzados. Nunca se detiene. No toma vacaciones. Descansó en el séptimo día de la creación, pero volvió a trabajar en el octavo y no ha parado desde entonces. El hecho de que nosotros no estemos actuando, no significa que Dios no lo esté haciendo.

Esta etapa
en la que nos
encontramos puede
engañarnos, pero no
desconcierta a Dios.

En sus propias palabras:

LA HISTORIA
DE JENNIFER

Dios definitivamente estuvo conmigo durante uno de los años más difíciles de mi vida.

Yo crecí en la iglesia, y asistía al campamento de la iglesia cada verano, así que había escuchado muchos testimonios de cómo el Señor usa diferentes situaciones y pruebas en la vida para moldearnos. Oré para que el Señor me diera mi propio testimonio, ¡pero no me imaginaba lo que Él haría como respuesta a esa oración!

Había terminado mi primer semestre en la universidad, y estaba en casa para las vacaciones de Navidad. Debido a una infección en la cara, fui al dermatólogo y aproveché de mencionarle un lunar que tenía en mi pie. Menos mal que lo hice: dos semanas después recibí una llamada informándome que tenía un melanoma maligno en etapa cuatro. La realidad del cáncer me chocó de golpe cuando me tocó buscar un cirujano, un cirujano plástico y un oncólogo en una semana. Después de dos operaciones, no solo tuve que aprender a caminar de nuevo, sino que empecé un año de quimioterapia.

Al momento de escribir esto, ¡llevo casi siete años sin cáncer! Es increíble mirar atrás y poder alabar al Señor por haberme sanado. Mis cicatrices me recuerdan todos los días esos tiempos dolorosos, pero he elegido aceptar lo que Él ha hecho, pues yo no sería quien soy hoy si no hubiera enfrentado esa enfermedad. Mis cicatrices también me recuerdan sus cicatrices, y lo que Él sacrificó para que nosotros tengamos vida, ¡y vida en abundancia!

Bueno es esperar en silencio la salvación de Jehová. * Decía yo en mi premura: Cortado soy de delante de tus ojos; pero tú oíste la voz de mis ruegos cuando a ti clamaba. * En el mundo tendréis aflicción; pero confiad, yo he vencido al mundo. * Pacientemente esperé a Jehová, y se inclinó a mí, y oyó mi clamor. * Gozosos en la esperanza; sufridos en la tribulación; constantes en la oración. * No nos cansemos, pues, de hacer bien; porque a su tiempo segaremos, si no desmayamos.

LAMENTACIONES 3:26; SALMO 31:22;
JUAN 16:33; SALMO 40:1;
ROMANOS 12:12; GÁLATAS 6:9.

ALGO BUENO
DEL DESASTRE
DE LA
VIDA

LAS MATEMÁTICAS DE DIOS FUNCIONAN DE OTRA MANERA

Dos años después de salir de West Point, durante su primera gira de servicio en Afganistán, un artefacto explosivo improvisado convirtió el vehículo militar del teniente Sam Brown en un cóctel Molotov. Él no recuerda cómo salió del camión. Solo recuerda que rodó en la arena, que su cara herida golpeaba contra el suelo, y que finalmente cayó de rodillas. Seguidamente, levantó sus brazos en llamas y gritó: "¡Jesús, sálvame!".

En el caso de Sam, estas palabras eran más que un grito desesperado. Él era un devoto creyente en Jesucristo. Sam estaba pidiéndole a su Salvador que lo llevara a casa. Supuso que iba a morir.

Pero en vez de la muerte, quien llegó fue su artillero. Con balas volando alrededor de ellos, ayudó a Sam a ponerse a salvo. Agachado detrás de una pared, Sam se dio cuenta de que parte de su ropa se estaba fundiendo en su piel, así que le ordenó al soldado que le arrancara los guantes de su carne quemada. El soldado vaciló, pero lo hizo, y con los guantes salieron trozos de sus manos. Brown se estremeció ante lo que fue el primero de muchos momentos de dolor.

Cuando los vehículos de otro pelotón llegaron al lugar, subieron al soldado herido en un camión. Antes de que

Sam se desmayara, pudo ver su rostro en el espejo. No se reconoció a sí mismo.

Eso fue en septiembre de 2008. Cuando lo conocí, tres años más tarde, había sufrido docenas de dolorosas cirugías. La piel muerta había sido extirpada y le habían injertado piel sana. El cuadro de la intensidad del dolor no tenía un número lo suficientemente alto como para representar la agonía que había experimentado.

Sin embargo, en medio del horror, la belleza se hizo presente en la dietista Amy Larsen. La boca de Sam había quedado del tamaño de una moneda, y Amy supervisaba su ingesta nutricional. Él recuerda la primera vez que la vio. Cabello oscuro, ojos marrones. Nerviosa. Linda. Y lo más importante: no se impresionó al verlo.

Después de varias semanas, Sam reunió el coraje para invitarla a salir, y fueron a un rodeo. El siguiente fin de semana fueron a la boda de un amigo de él. Durante las tres horas que duró el viaje, Amy le contó a Sam que se había fijado en él meses antes cuando él estaba en la unidad de cuidados intensivos cubierto con vendas, sedado con morfina y atado a un respirador. Cuando recuperó la conciencia, entró en su habitación para conocerlo, pero había un círculo de familiares y médicos, así que salió y se fue.

Los dos continuaron viéndose. Al comienzo de su relación, Sam sacó a relucir el nombre de Jesucristo. Amy no era creyente, pero la historia de Sam hizo que su corazón se interesara por Dios. Sam le habló de la misericordia de Dios y la llevó a Cristo; y poco después se casaron. Al escribir estas palabras, son padres de un niño de siete meses. Sam dirige un programa para ayudar a soldados heridos.

Lejos de mí minimizar el horror sufrido por un hombre ardiendo en llamas en el desierto afgano. ¿Y quién puede imaginar la tortura de haber sido sometido a diversas cirugías y a infinidad de sesiones de rehabilitación? Varias veces el estrés emocional les ha pasado factura en su matrimonio. Sin embargo, Sam y Amy están convencidos de algo: la matemática de Dios funciona de manera diferente a la nuestra. *Guerra + cercanía a la muerte + rehabilitación dolorosa = familia maravillosa y esperanza de un futuro extraordinario.* En las manos de Dios, el mal provocado se convierte en bienestar para el futuro.

¿Quién como tú, oh Jehová, entre los dioses?
¿Quién como tú, magnífico en santidad, terrible
en maravillosas hazañas, hacedor de prodigios?
* Oh Señor, ninguno hay como tú entre los
dioses, ni obras que igualen tus obras. * Pero
el fundamento de Dios está firme, teniendo
este sello: Conoce el Señor a los que son suyos.
* Y ahora, gloria sea a Dios, que puede hacer
muchísimo más de lo que nosotros pedimos
o pensamos, gracias a su poder que actúa en
nosotros. ¡Gloria a Dios en la iglesia y en Cristo
Jesús, por todos los siglos y para siempre!

ÉXODO 15:11; SALMO 86:8; 2 TIMOTEO 2:19;
EFESIOS 3:20–21, DHH.

Él es el Alfarero,
nosotros el barro.
Él es el pastor,
nosotros las ovejas.

JOSÉ TENÍA UN ANCLA

[El Faraón] le dijo [a Moisés]: "Tuve un sueño que nadie ha podido interpretar. Pero me he enterado de que, cuando tú oyes un sueño, eres capaz de interpretarlo". "No soy yo quien puede hacerlo — respondió José—, sino que es Dios quien le dará al faraón una respuesta favorable". [...]

Entonces respondió José a Faraón: "El sueño de Faraón es uno mismo; Dios ha mostrado a Faraón lo que va a hacer". [...]

Y dijo Faraón a José: "Pues que Dios te ha hecho saber todo esto, no hay entendido ni sabio como tú. Tú estarás sobre mi casa, y por tu palabra se gobernará todo mi pueblo; solamente en el trono seré yo mayor que tú".

GÉNESIS 41:15–16, 25, 39–40, NVI

José parecía una piñata ambulante: los celos sin fundamento de sus hermanos, que lo vendieron como esclavo; el engaño y la difamación de la esposa de Potifar, que lo llevaron a la cárcel; la promesa incumplida del copero, que lo mantuvo en la cárcel. José se tambaleó pero se mantuvo de pie (colocar aquí la música de *Rocky*). Por la gracia de Dios, luchó y se levantó más fuerte que nunca, en la corte del Faraón.

¡Qué contrastes! El Faraón era el rey, José un expastor. El Faraón de la ciudad, José del campo. El Faraón del palacio, José de la prisión. El Faraón llevaba cadenas de oro,

José tenía moretones por los grilletes. El Faraón tenía ejércitos y pirámides, José tenía una túnica prestada y acento extranjero.

El prisionero, sin embargo, lucía regio. Oyó los sueños, y fue directamente al grano. No hay necesidad de consultar consejeros u hojas de té. Esto es algo sencillo, como una multiplicación básica para un profesor de matemáticas de Harvard. "Esperen siete años de abundancia y siete años de hambre". Nadie, incluido el faraón, sabía cómo responder. La *hambruna* era una palabra inexistente en el diccionario egipcio. Hablarle de hambre al Faraón era como hablarle de automóviles eléctricos a un jeque. ¡El apocalipsis!

El silencio en la sala del trono era tan absoluto que se podía oír cuando alguien tragaba. José aprovechó la pausa en la conversación para ofrecer una solución. "Cree un ministerio de agricultura y pídale a alguien inteligente que recoja el grano en los buenos años, y que lo distribuya durante los años de escasez".

Los funcionarios tragaron grueso ante el atrevimiento de José. Una cosa era darle malas noticias al Faraón, y otra ofrecerle consejos no solicitados. Sin embargo, el tipo no había mostrado una pizca de miedo desde que había entrado al palacio. No prestó ninguna reverencia al rey. No ofreció elogios a los magos. No besó anillos ni rindió pleitesías. Otros se habrían acobardado. José ni parpadeó.

Una vez más el contraste. El Faraón, la persona más poderosa en el recinto (gobernante del Nilo, divinidad de los cielos, Gran jefe del pueblo de la Pirámide) necesitaba urgentemente un escocés. José, la persona más baja jerárquicamente hablando, (exesclavo, convicto, acusado de delito sexual) estaba más fresco que el otro lado de la almohada.

¿Qué marcó la diferencia?

José tenía un ancla. No una pieza de hierro; sino una creencia profunda y firme en la soberanía de Dios.

Es algo que se hace palpable desde su primera frase: "No está en mí; Dios será el que dé respuesta propicia a Faraón" (Génesis 41:16). La segunda vez que José habló, dijo: "Lo que Dios va a hacer, lo ha mostrado a Faraón" (v. 28). José procedió a interpretar los sueños, y luego le dijo a Faraón que la cosa era "firme de parte de Dios, y que Dios se apresura a hacerla" (v. 32).

¡Cuatro veces en tres versículos, José hizo referencia a Dios! José fijó el imán de su brújula en la estrella polar divina. Vivía con la certeza de que Dios estaba activo, de que era capaz y de que haría algo significativo.

Y José tenía razón. El faraón seguidamente ordenó algo insólito: "¿Acaso hallaremos a otro hombre como este, en quien esté el espíritu de Dios?" (v. 38). Prácticamente le estaba entregando el reino a José. Al final del día, el muchacho de Canaán estaba montado en un carro real, superado sólo por el Faraón en autoridad. ¡Qué desenlace inesperado!

En ese caos llamado "la vida de José", hay una promesa incumplida, al menos dos traiciones, varios actos de odio, dos secuestros, más de una seducción, diez hermanos celosos y un caso de paternidad pobre. Abuso. Un encarcelamiento injusto. Veinticuatro meses de comida en la cárcel. Mezclemos todos estos ingredientes y dejemos que se asienten durante trece años. ¿Qué se obtiene? ¡La mayor historia de recuperación en la Biblia! El niño olvidado de Jacob se convirtió en el segundo hombre más poderoso en el país más poderoso del mundo. El camino hacia el palacio no fue rápido ni estuvo carente de dolor, pero, ¿negaríamos que Dios tomó su desastre y lo convirtió en algo bueno?

¿Creemos que Él puede hacer lo mismo con nuestro desastre? Hagamos un recuento de todo nuestro dolor. Traiciones, ira, tragedias. ¿Sufrimos una mala crianza? ¿Nos han difamado? ¿Nos han tocado inapropiadamente? ¡Cuán onerosa puede ser la vida!

Analicemos sin embargo esta pregunta: ¿Sigue el Dios de José en control? ¡Sí! ¿Puede hacer por nosotros lo que hizo por José? ¡Sí! ¿Podría el mal que nos han infligido ayudarnos a convertirnos en la persona que Dios quiere que seamos? ¡Sí! Algún día, tal vez en esta vida, pero con toda certeza en la siguiente, sacaremos las cuentas de nuestra vida y nos dará este resultado: ¡Todo bueno!

Dios usará nuestras luchas para bien.

*Encomienda a Jehová tu camino, y
confía en él; y él hará.*

SALMO 37:5

A veces la vida nos recibe con un seguidilla
de golpes certeros: el gancho derecho del re-
chazo, el golpe inesperado de la pérdida. Los
enemigos dan golpes bajos. Las calamidades
hacen que tambaleemos. Toda una golpiza.

Una vez que caen, hay quienes no se
vuelven a levantar. Se quedan en la lona gol-
peados y abatidos, listos para el conteo. Otros,
sin embargo, se recuperan más rápido que un
porfiado. Con la ayuda de Dios, podemos re-
cuperarnos. ¿Quién sabe? Tal vez hoy mismo
nos levantemos de la lona.

Si Dios puede
convertir en príncipe
a un prisionero, ¿no
creemos entonces
que puede sacar
algo bueno de lo que
estamos pasando?

En sus propias palabras:

LA HISTORIA
DE RICHARD

El 27 de agosto de 2008, un accidente en el trabajo cambió mi vida para siempre; pero para bien.

Cuando regresaba de la cafetería con mi almuerzo ese día, la silla de ruedas motorizada que había usado durante más de ocho años se detuvo abruptamente. Desafortunadamente, el impulso me lanzó hacia la acera y me fracturé el fémur izquierdo. Este accidente fue el comienzo de una travesía de dolor, transpiración, inspiración y santificación que continúa hasta hoy.

Tuve que pasar nueve meses y medio en el hospital para poder regresar a casa. ¿Por qué tanto tiempo? Una de las razones fue que me "morí" en la mesa de operaciones al final de la primera operación para reparar la pierna fracturada. El anestesiólogo que logró reanimar mi corazón me visitó el día siguiente en la unidad de cuidados intensivos, y me recomendó que evitara cualquier tipo de operación durante el resto de mi vida. Sin embargo, debido a infecciones y otras razones, tuve que ser sometido a seis operaciones más antes de poder regresar a casa.

Después de siete días en casa, el hueso se volvió a partir y tuve que regresar al hospital para otra operación, la octava. Esta vez, un extraordinario cirujano ortopédico—por cierto, creyente—puso una varilla de titanio en mi fémur, lo cual resolvió finalmente el problema. Pasé casi un año completo en varios hospitales, y estuve sin trabajo durante un total de catorce meses.

Durante esa larga prueba muchos me preguntaron: "¿Cómo puedes mantener una actitud tan positiva?". Algunos incluso preguntaron: "¿Cómo has hecho para no volverte loco?".

Lo que me mantuvo con esa actitud tan positiva y sin volverme loco fue mi firme creencia de que Dios tiene un plan para mi vida. Como cristiano, sabía desde el principio que Cristo tiene un hogar para mí en el cielo pero que, como Dios seguía sin llevarme con él, manteniéndome con vida cada vez que pasaba por una de esas operaciones, debía tener una razón para seguir viviendo. No voy a mentir. Muchas veces—demasiadas diría yo—me pregunté por qué seguía luchando por recuperarme. Renunciar habría sido mucho más fácil.

Pero Dios no quería que yo renunciara. Él me hizo sentir, por ejemplo, cuán amado era. El gran apoyo que recibí de mi esposa y de mi familia fue increíble. Su cuidado y sus oraciones por mi recuperación me ayudaron a seguir adelante. También había un gran grupo de hermanos y hermanas cristianos que a menudo me visitaban y oraban constantemente por mi recuperación. Recibí más de trescientas visitas.

Así que puedo asegurar con absoluta certeza que Dios los llevará a través de lo que sea que usted esté experimentando. Dios nunca me abandonó. Confíe en Él. Él no le fallará.

DE TODO
BROTA
BELLEZA

¿ES SIEMPRE BUENO DIOS?

Cuando el cáncer está en remisión, decimos: "Dios es bueno".

Cuando nos dan un aumento de sueldo, anunciamos: "Dios es bueno".

Cuando nos admiten en la universidad, o nuestro equipo deportivo gana, decimos: "Dios es bueno".

¿Decimos, o podríamos decir lo mismo bajo otras circunstancias? ¿Tanto en el cementerio como en la guardería? ¿En la fila de desempleo como en la del supermercado? ¿En días de carencia como en días de abundancia? ¿Es siempre bueno Dios?

Para mis amigos Brian y Christyn Taylor, la pregunta es más que académica. El último año, su hija de siete años estuvo hospitalizada durante más de seis meses y le realizaron seis operaciones debido a una enfermedad del páncreas, el puesto laboral de Brian fue eliminado, varios miembros de la familia murieron, otro fue diagnosticado con cáncer cerebral, y Christyn salió embarazada del cuarto hijo. La vida les estaba pegando duro. Ella publicó en su blog:

> Las múltiples hospitalizaciones de mi hija eran agotadoras, pero yo mantenía la fe. Perder a los miembros de la familia de Brian uno por uno hasta que solo quedó uno, a quien luego se le diagnosticó cáncer de cerebro en estadio 4, era incomprensible, pero yo seguía

teniendo fe. Estar hospitalizada durante siete semanas y media con un desprendimiento placentario fue aterrador, pero yo tenía fe. Me aferré a la convicción de que Dios estaba obrando para mi bien, y aunque yo no entendía necesariamente las pruebas, confiaba en el plan más grande e invisible de Dios.

Hice un trato con Dios: yo soportaría las pruebas que me llegaran mientras Él reconociera mi capacidad de aguante. Él sabía cuál era mi límite, y sabía en mi corazón que Él nunca me haría cruzarlo.

Pero lo hizo. Di a luz a una niña muerta. Aún tenía a mi hija Rebecca en casa siendo alimentada por un tubo, y con una incertidumbre total acerca de su salud futura, así que la conclusión inevitable era que esta bebé que tanto amábamos se salvaría. Pero no fue así. Había cruzado la línea dibujada en la arena. Mi trato unilateral con Dios quedó hecho añicos.

Todo cambió en ese momento. Me llené de miedo y mi fe comenzó a desmoronarse. Mi "zona de seguridad" con Dios dejó de ser segura. Si esta clase de cosas podían ocurrir en medio de nuestras mayores dificultades, entonces cualquier cosa era posible. Por primera vez en mi vida, la ansiedad comenzó a apoderarse de mí.

Pasé semanas tratando de entender por qué un Dios que tanto amo pudo dejar que esto le sucediera a mi familia en ese preciso momento. La única conclusión a la que llegué fue: tengo que renunciar a mi línea en la arena. Tengo que ofrecer mi vida entera, cada pequeña parte de ella, al control absoluto de Dios, independientemente del resultado.

Mi familia está en las manos de Dios. Ya no trazo más líneas en la arena, ni hago tratos con Dios: hemos entregado nuestras vidas al Señor. La paz ha llegado donde el pánico una vez dominó, y la calma se ha establecido donde la ansiedad gobernó una vez.

En algún momento de la vida todos llegaremos a esta intersección. ¿Es Dios bueno cuando los resultados no lo son? Nuestra elección se reduce a esto: confiar en Dios o alejarnos. Él cruzará la línea. Él despedazará nuestras expectativas. Lo único que nos quedará será tomar una decisión.

Días difíciles
que exigen
decisiones
de fe.

LA HISTORIA
DE GARY

Desde el comienzo de mi vida, Dios estuvo buscándome. Durante la secundaria, la universidad, y veintiún años de matrimonio estuvo cerca de mí, pero yo lo alejaba. Pensaba que había una mejor manera de vivir, que era la mía. Yo no necesitaba a Dios, tener una "vida religiosa", ni nada similar a lo que la gente hace en la iglesia.

Hoy doy gracias a Dios por su paciencia. Él permitió que yo tomara el camino de la destrucción porque sabía que esa era la única manera de hacer que este hombre lleno de orgullo cayera de rodillas. Sabía que dejándome caer en el foso sería la única manera de hacer que yo mirara hacia arriba.

Después de veintiún años de matrimonio, mi esposa estaba tan harta de mis pretensiones de yo que lo sabía todo, de que siempre hiciera lo que me parecía sin escuchar las opiniones de los demás, que me pidió el divorcio. Lo impensable, pasó: pasé por un divorcio que condujo a un fracaso empresarial que terminó en bancarrota. ¡Estaba totalmente en quiebra! Me quedé sin esposa, sin familia, sin negocio, sin dinero, sin amigos y, lo peor de todo, sin ninguna relación con Cristo.

¿Por qué me sucedió esto? Comencé a buscar respuestas.

Fue allí cuando Dios puso a una cristiana fiel en mi vida. Ella compartió conmigo una grabación de un sermón de su pastor, yo la escuché, y la luz se encendió. El domingo siguiente asistí a la iglesia y, para mi sorpresa, el sermón del pastor se tituló: "El papel del esposo en el matrimonio". El tiempo de Dios es perfecto. Yo tenía años que no asistía a una iglesia, y el primer domingo que voy, mi Padre celestial tiene un sermón especial para mí.

El siguiente martes en la mañana, estando en el sendero para mis ejercicios de las cinco y media, Dios me pidió que le confiara mi vida. Le dije en voz alta: "Tienes que ser ciento por ciento real, o no lo hago". Durante mi vida, había visto demasiada gente falsa en la iglesia, aparentando religiosidad. Yo quería una relación real y personal con Dios, o nada.

A los cuarenta y tres años fui completamente tocado por la gracia y misericordia de Dios. Me arrepentí de mis pecados y, por fe, acepté a Jesucristo como mi Señor y Salvador esa misma mañana.

El resto, como dicen, es historia. Tengo una relación íntima con Dios. Él puso en mí una verdadera hambre de aprender su Palabra y sus enseñanzas. Me bendijo con la esposa cristiana que cualquier hombre soñaría, y con siete nietos. He tenido la bendita oportunidad de llevar a cuatro de ellos a tener una relación con Jesucristo, y estoy seguro de que los otros tres están encaminados a tenerla.

Sea lo que sea que estemos atravesando, debemos estar

seguros de que Dios nos guiará a través de ello. Confiemos en Dios un día a la vez, e incluso una hora o minuto a la vez. Él puede guiarnos a través de cualquier circunstancias dura o dolorosa que enfrentemos.

Pues los sufrimientos ligeros y efímeros que ahora padecemos producen una gloria eterna que vale muchísimo más que todo sufrimiento. * A Jehová he puesto siempre delante de mí; porque está a mi diestra, no seré conmovido. * Dios es el que me ciñe de poder, y quien hace perfecto mi camino. * Muchas son las aflicciones del justo, pero de todas ellas le librará Jehová. * ¡Cuán preciosos me son, oh Dios, tus pensamientos! ¡Cuán grande es la suma de ellos! Si los enumero, se multiplican más que la arena.

2 CORINTIOS 4:17, NVI; SALMO 16:8; SALMO 18:32; SALMO 34:19; SALMO 139:17-18.

ABUNDANCIA Y ESCASEZ

Esto es lo que respondo a Faraón. Lo que Dios va
a hacer, lo ha mostrado a Faraón. He aquí vienen
siete años de gran abundancia en toda la tierra de
Egipto. Y tras ellos seguirán siete años de hambre;
y toda la abundancia será olvidada en la tierra
de Egipto, y el hambre consumirá la tierra.

GÉNESIS 41:28-30

¿Qué debemos pensar de Dios cuando la vida
no es buena? ¿Dónde está Él en medio de todo?

Las palabras de José al Faraón nos ayudan a enten-
derlo. José no suele ser visto como un teólogo. Al menos
no como Job, el enfermo; o como Pablo, el apóstol. Por
una parte, no tenemos mucho del pensamiento y las palabras de José. Sin embargo, lo poco que tenemos revela a
un hombre que luchó con la naturaleza de Dios.
Al rey anunció:

> *Después llegarán siete años de un hambre tan*
> *intensa que hará olvidar toda esa prosperidad*
> *de Egipto. El hambre destruirá la tierra. La*
> *hambruna será tan grave que borrará hasta el*
> *recuerdo de los años buenos. El haber tenido*
> *dos sueños similares significa que esos aconte-*
> *cimientos fueron decretados por Dios, y él hará*
> *que ocurran pronto* (Génesis 41:30–32, NTV).

José vio las dos temporadas, la de abundancia y la de escasez, bajo el paraguas de la jurisdicción de Dios. Ambas fueron "decretadas por Dios".

¿Cómo es esto posible? ¿Es Dios el autor de las calamidades?

Por supuesto que no. Dios nunca crea o proclama el mal. "¡Ni pensar que Dios, el Todopoderoso, haga el mal o cometa injusticias!" (Job 34:10, DHH; véase también Santiago 1:17). Él es la esencia del bien. ¿Cómo puede el que es bueno crear algo malo?

Y Él es soberano. La Escritura atribuye vez tras vez el control total y absoluto a su mano. "El Altísimo Dios tiene dominio sobre el reino de los hombres, y [...] pone sobre él al que le place" (Daniel 5:21). Dios es bueno. Dios es soberano. ¿Cómo podemos entonces entender la presencia de la calamidad en el mundo de Dios?

La explicación que da la Biblia es que Dios la permite. Cuando los demonios le rogaron a Jesús que los dejara entrar en una manada de cerdos, Él "les dio permiso" (Marcos 5:12–13). Con respecto a los rebeldes, Dios dijo: "Y los contaminé en sus ofrendas [...] para desolarlos y hacerles saber que yo soy Jehová" (Ezequiel 20:26). La ley antigua habla de la consecuencia de matar accidentalmente a una persona: "Mas el que no pretendía herirlo, sino que Dios lo puso en sus manos, entonces yo te señalaré lugar al cual ha de huir" (Éxodo 21:13).

Dios a veces permite las tragedias. Permite que el suelo se seque y que los tallos no den fruto. Permite que Satanás desencadene el caos. Pero no permite que Satanás triunfe. ¿No es esa la promesa de Romanos 8:28: "Y sabemos que a los que aman a Dios, todas las cosas les ayudan a bien, esto es, a los que conforme a su propósito son llamados". Dios nos habla aquí de producir el bien de "todas las cosas", no de "una cosa". Los acontecimientos aislados pueden ser malos, pero el final siempre será para nuestro bien.

Y el Dios de paz que resucitó de los muertos a nuestro Señor Jesucristo, el gran pastor de las ovejas, por la sangre del pacto eterno.

HEBREOS 13:20

Supongamos que la esposa de Georg Friedrich Händel se encuentra una página del famoso oratorio "El Mesías", compuesto por su esposo. La obra completa tiene más de doscientas páginas. Imaginemos que descubre una página en la mesa de la cocina. En ella, su marido escribió solo un fragmento en una clave menor, que no funciona por sí sola. Supongamos que, armada con este fragmento de disonancia, entra en su estudio y dice: "Esta música no tiene sentido. Eres un pésimo compositor". ¿Qué pensaría él?

Tal vez algo similar a lo que Dios piensa cuando nosotros hacemos lo mismo. Señalamos nuestra clave menor: nuestro hijo enfermo, las muletas o la hambruna, y decimos: "¡Esto no tiene sentido!". Sin embargo, ¿cuánto conocemos de toda su creación? ¿Cuánto entendemos de toda su obra? Una ínfima parte. La hemos visto por el hoyo de la cerradura. ¿Es posible que exista una explicación al sufrimiento de la que no sabemos nada?

ALABANZA Y
AGRADECIMIENTO

¡GRACIAS!

Recientemente asistí a un banquete en el que le obsequiaron una casa a un soldado que fue herido en batalla. Casi cayó de rodillas de agradecimiento. Saltó sobre el escenario con su pierna buena y abrazó al presentador. "¡Gracias! ¡Gracias! ¡Gracias!". Abrazó al guitarrista de la banda y a una voluminosa mujer en la primera fila. Agradeció al camarero, a los otros soldados, y luego dio las gracias nuevamente al presentador. Antes de que terminara la noche, ¡me dio las gracias a mí! Y yo no hice nada.

¿No deberíamos estar igualmente agradecidos? Jesús está preparando una casa para nosotros (Juan 14:2). Nuestro título de propiedad es tan real como el del soldado.

La gente
agradecida se
enfoca menos
en lo que le
falta, y más en
los privilegios
que tiene.

LA HISTORIA
DE AYESHA

Mi esposo había estado desempleado durante un año, pero no porque lo hubieran despedido. De hecho había abandonado voluntariamente su trabajo porque había sido aceptado en la facultad de medicina. Sin embargo, al cabo de un mes de haber comenzado sus estudios, nos dimos cuenta de que no era lo mejor para nuestro matrimonio. El asunto es que este había sido su sueño desde mucho antes de que me conociera. Desde nuestra primera conversación, un tema recurrente era su deseo de convertirse en médico, de cuánto amaría a sus pacientes y de su compromiso de tratarlos como si fueran su propia familia.

Jamás olvidaré el día en que mi esposo se acercó para decirme que Dios le había dicho que ahora no era el momento para estudiar medicina, y que él debía concentrarse en nuestro matrimonio. Ese día el mundo de mi esposo se desmoronó. Su sueño de toda la vida había sido destrozado, y quedé con un marido decepcionado y enojado.

Nos mudamos con sus padres, y durante cuatro meses tratamos de encontrar trabajo en un momento en el que no había mucha oferta. Para alguien tan educado como él, resultaba muy desalentador ser rechazado cada vez que solicitaba un empleo.

Durante un tiempo nuestra situación nos tuvo de mal humor. Yo había planificado una vida matrimonial alegre y maravillosa, y él, que tendría al menos un semestre de sus estudios de medicina.

Después de meses de vivir con sus padres y de no haber progresado en el trabajo o en el frente matrimonial, decidimos alabar a Dios en nuestra situación, en lugar de quejarnos de nuestra falta de dinero, y buscar sinceramente su dirección en nuestra toma de decisiones. Oramos juntos, pidiendo su dirección sobre lo que teníamos que hacer. Cuando Dios nos dijo que nos mudáramos a Texas, nuestra primera reacción fue: "¡De ninguna manera!". Éramos norteños, jamás habíamos comido el texano *chicken-fried steak*, ¡y no entendíamos por qué lo llamaban pollo, si era un trozo de carne de res!

A pesar de nuestro escepticismo, nos mudamos a Texas sin trabajo, confiando solo en que Dios tenía algo para nosotros. Yo estaba orando para que Dios me diera un trabajo en menos de dos semanas y un apartamento en menos de un mes, ¡y Dios nos dio ambas cosas!

Durante este tiempo, mi marido se dio cuenta de que la medicina se había convertido en un ídolo para él y que necesitaba sacarse esa idea de la cabeza. Un día, cuando regresé del trabajo, me dijo: "Dios me dijo que si estudio y confío en Él, Él me dará un trabajo".

Acepté lo que dijo, pero durante tres meses fue rechazado cada vez que solicitó un empleo, y las oportunidades de trabajo cada vez eran menos. Sin embargo, seguimos confiando, y cumplimos nuestro voto de alabar a Dios.

Recientemente, mi esposo comenzó a estudiar el pénsum de ciencias, ¡y una compañía lo llamó para una entrevista de trabajo!

Muy animados, oramos: queríamos el trabajo, pero solo si era la voluntad de Dios. Si este trabajo no era la voluntad de Dios, estaríamos conformes.

¡Mi esposo consiguió el trabajo!

Te alabaré, oh Jehová, con todo mi corazón; contaré todas tus maravillas. * Espera en Dios; porque aún he de alabarle, salvación mía y Dios mío. * E invócame en el día de la angustia; te libraré, y tú me honrarás. * Amo a Jehová, pues ha oído mi voz y mis súplicas; porque ha inclinado a mí su oído; por tanto, le invocaré en todos mis días. * Alabad a Jehová, porque él es bueno; porque para siempre es su misericordia.

SALMO 9:1; SALMO 43:5; SALMO 50:15; SALMO 116:1-2; SALMO 107:1.

Y den gracias por todo a Dios el Padre en el nombre de nuestro Señor Jesucristo.

EFESIOS 5:20, NTV

La gratitud nos ayuda a franquear las situaciones difíciles.

Reflexionar sobre nuestras bendiciones es poner en práctica los logros de Dios.

Poner en práctica los logros de Dios es descubrir sus intenciones.

Descubrir sus intenciones es descubrir no solo sus buenos dones, sino al Buen Dador.

DECIDAMOS SER AGRADECIDOS

*Y nacieron a José dos hijos antes que viniese el primer
año del hambre, los cuales le dio a luz Asenat, hija
de Potifera sacerdote de On. Y llamó José el nombre
del primogénito, Manasés; porque dijo: Dios me hizo
olvidar todo mi trabajo, y toda la casa de mi padre.
Y llamó el nombre del segundo, Efraín; porque dijo:
Dios me hizo fructificar en la tierra de mi aflicción.*

GÉNESIS 41:50–52

La gratitud no se da de forma espontánea. Sentir lástima por uno mismo sí.

Un dolor de estómago es espontáneo. Quejarnos y murmurar son cosas que nadie tiene que recordarnos que hagamos; aunque no se mezclan bien con la bondad que nos ha sido dada. Lo único que necesitamos es una dosis de gratitud.

José tomó más de una dosis; y vaya que él tenía motivos para ser ingrato. Fue abandonado, esclavizado, traicionado, aislado. Sin embargo, si tratamos de encontrar algún dejo de amargura en él, no tendremos éxito. Encontraremos, por el contrario, dos gestos espectaculares de gratitud.

La mayoría de los padres se esfuerzan en seleccionar el nombre perfecto para su hijo. José lo hizo.

Eran días de abundancia. Dios había recompensado a José con un lugar en la corte del Faraón, con una esposa y con un hogar. Le había dado una familia. La joven pareja estaba recostada en el sofá, cuando José se acercó y tocó la barriga redonda y embarazada de Asenat. Le dijo:

—He estado pensando en nombres para nuestro bebé.

—Qué dulce eres, José. Yo también lo he hecho. De hecho, compré un libro con sugerencias de nombres de bebés en el supermercado.

—No lo necesitarás. Ya tengo el nombre.

—¿En serio? ¿Cuál es?

—Dios me hizo olvidarlo.

—Si Dios te hizo olvidarlo, ¿cómo es que tienes el nombre?

—No, ese es el nombre: Dios me hizo olvidarlo.

En ese momento ella le dio esa mirada que las esposas egipcias siempre les dieron a sus maridos hebreos.

—¿Dios me hizo olvidarlo? ¿Cada vez que llame a mi hijo diré "Dios me hizo olvidarlo"?

Con cara de incertidumbre, hizo un intento.

—Es hora de cenar, Dios me hizo olvidarlo. Entra y lávate las manos Dios me hizo olvidarlo. La verdad, no estoy muy segura, José. Estaba pensando en algo así como Tut o Ramsés. ¿O no te gustaría algo así como Max? Es un nombre reservado para personas especiales.

—No, Asenat, ya tomé la decisión. Cada vez que se mencione el nombre de mi hijo, el nombre de Dios será alabado. Porque Dios me hizo olvidar todo el dolor y la humillación que experimenté en manos de mis hermanos. Quiero que todos sepan, y quiero que Dios sepa, que estoy agradecido.

Al parecer, la Sra. José aceptó la sugerencia de su esposo, porque cuando nació su segundo hijo, ella y José lo llamaron "Dios me hizo fructífero". Un nombre honró la misericordia de Dios, y el otro proclamó sus bendiciones.

En sus propias palabras:

LA HISTORIA
DE MISSY

Mi historia tiene que ver con decepción…y con esperanza. Tiene que ver con miedo…y con fe.

El 30 de mayo de 2007, mis hijos y yo vimos a su papá, mi esposo, despegar en su avión para ir a trabajar. Como aviador naval y agente federal aéreo, él viajaba con frecuencia, y este avión le permitía estar en casa más pronto. Sin embargo, después de despegar, el motor falló y el avión se precipitó hacia una colina en la distancia. Caí de rodillas gritando: "¡Señor no, por favor! ¡No estoy preparada para algo así!".

El agente que me abordó para darme la noticia que yo ya sabía, resultó ser un antiguo vecino y pastor en una iglesia local. Oró conmigo. Buenos amigos me visitaron casi inmediatamente, trayéndome comida y ayudándome con la limpieza de mi casa. Durante las siguientes semanas, también tuve la bendición de que un amigo me ayudara con los asuntos legales y de que otros amigos me ayudaran con el cuidado de mis cuatro hijos. Dos comunidades escolares elevaron oraciones y me demostraron su amor, y donaron dinero hasta que se normalizaran mis asuntos financieros.

Un día en el que ciertos documentos importantes tenían que ser sellados, me encontraba orando en el ascensor del banco. Quería que el proceso se desarrollara sin trabas debido a que estaba cansada y temerosa de lo que aún tenía por delante. Una mujer que estaba allí me dijo que ella no solía ir a esa oficina en particular, pero que ese día sintió como que tenía una "misión divina" que cumplir. Cuando me oyó hablando por teléfono, supo que Dios la había enviado a orar conmigo.

En otro momento, escuchando mi estación de radio cristiana preferida, dicen: "Si sientes que no puedes dar un paso más, Dios está ahí para llevarte en sus brazos". Esto lo escuché minutos después de haber detenido mi automóvil y haber dicho en voz alta esas palabras exactas: "No puedo dar un paso más".

Vez tras vez, en los momentos más difíciles de mi dolor, Dios me ha bendecido tan vívidamente que lo único que he hecho como respuesta es alabarlo. Él ha sido mi fortaleza desde el día en que el avión se estrelló hasta el instante mismo en que escribo estas palabras. Créalo... *Dios lo ayudará.*

La gratitud siempre
nos hace mirar a
Dios y aleja el
temor. Le hace a la
ansiedad lo que el
sol de la mañana la
hace a la niebla del
valle. La quema.

RESTAURACIÓN
Y SANIDAD

"CONMIGO SE ACABA"

Hace unos años, un querido amigo fue llamado a la morgue para que identificara el cadáver de su padre, que había recibido un disparo en medio de la noche por parte de su exesposa. El escopetazo fue solo uno más de un largo historial de violencia familiar. Mi amigo recuerda que se acercó al cuerpo y dijo: *"Conmigo se acaba"* (y así fue).

Hagamos la misma resolución. Nuestro historial familiar tiene algunos capítulos tristes; pero ese historial no tiene por qué marcar nuestro futuro. Podemos detener la basura generacional. No tenemos que dejarles a nuestros hijos lo que nuestros antepasados nos dejaron a nosotros.

Dejen que Dios los transforme en personas nuevas al cambiarles la manera de pensar.

ROMANOS 12:2, NTV

Hablemos con Dios sobre escándalos y canallas. Invitémoslo a revivir junto a nosotros la traición. Hagámoslo abiertamente.

Difícil, sin duda. Pero dejemos que Dios haga su trabajo. El proceso puede tomar tiempo, incluso toda la vida. El dolor producido por nuestra propia familia es un dolor muy profundo porque es infligido desde muy temprano en la vida, y porque involucra a personas que debieron haber sido confiables para nosotros.

Cuando nos juzgaron falsamente, nos lo creímos. Todo este tiempo hemos estado engañados. "Eres estúpido…lento…tonto como tu papá…gordo como tu mamá…". Décadas más tarde, estas voces de derrota aún resuenan en nuestro subconsciente.

¡Pero no tiene por qué ser así! "Dejen que Dios los transforme en personas nuevas al cambiarles la manera de pensar" (Romanos 12:2, NTV). No somos lo que dijeron que éramos. Somos hijos de Dios. Su creación. Destinados al cielo. Formamos parte de su familia.

No seamos
tontos ni
ingenuos.
Tampoco nos
desesperemos.

LA HISTORIA
DE JESSICA

Cuando era pequeña, crecí en un maravilloso hogar cristiano. Mis padres me llevaron a la iglesia, me enseñaron de Dios y me instruyeron a amar incondicionalmente a los demás. Hasta el día de hoy, estoy muy agradecida por el sólido fundamento de fe que Dios y mis padres me proporcionaron. Dios sabía que el camino que tendría que transitar sería difícil, y me estaba preparando. Entonces, permitió que mi vida se convirtiera en un desastre, para que algún día pudiera tener un mensaje, un testimonio que me revelara tanto a mí como a otros, la gran gloria de Dios. A la temprana edad de siete años, me arrebataron la inocencia.

A esa edad comenzó el abuso sexual por parte de un miembro de la familia. Afortunadamente, después de un año y medio, mi familia se mudó al otro lado del país. Pensé que el abuso había terminado y que podría seguir adelante con mi vida, y simplemente olvidar. Pero ese no fue el caso.

Yo no le había contado nada a nadie sobre el abuso, y no lo hice por años. Y durante esos años, Dios me permitió pasar por varias situaciones difíciles: casi me ahogo haciendo canotaje en eslalon, fui retenida a punta de pistola en un atraco en un restaurante de comida rápida, me violó un amigo que me había dicho que sería bautizado la semana siguiente, y me casé con un hombre que con el tiempo se volvió abusivo verbalmente y un poco físicamente, y que además me era infiel.

En medio de todos estos acontecimientos traumáticos, aprendí a ocultar mis sentimientos, mis inseguridades, mi vergüenza y mi dolor. Me puse una máscara y me alejé de Dios. No es de extrañar entonces que fuera en caída libre. El punto de quiebre vino cuando mi padre fue diagnosticado con cáncer de páncreas. De inmediato decidí mudarme a casa para ayudar a cuidarlo. Nueve meses después del diagnóstico, mi padre falleció. Dios usó a los miembros de la iglesia de mis padres para mostrarme su amor. Dios también me ayudó a componer una canción para el funeral de mi padre: "Bendiciones en la tragedia".

Pocos meses después de la muerte de mi padre, Dios me impulsó a mudarme a una nueva ciudad para comenzar mi vida desde cero. He vivido aquí dos años, y Dios ha obrado relevantemente en mi vida. Estoy divorciada, estudio enfermería y estoy trabajando. Dios ha puesto a ciertas personas en mi vida que me han ayudado a mirar la vida desde una perspectiva diferente. Ahora entiendo que, con su poder infinito, Dios puede trabajar a través de las circunstancias más difíciles y convertirlas en algo hermoso.

Aún soy un trabajo en progreso, pero estoy esperanzada porque sé que Dios no ha terminado su obra conmigo. La transformación curativa que se necesita después de las angustias y el dolor no es fácil ni rápida, pero Dios estará con nosotros durante el proceso. Todo el crédito se lo doy a Él, porque ciertamente yo era un desastre total antes de que Él tomara control de mi corazón.

Porque somos hechura suya, creados en Cristo Jesús para buenas obras, las cuales Dios preparó de antemano para que anduviésemos en ellas. * El que os toca, toca a la niña de su ojo. * Orará a Dios, y este le amará, y verá su faz con júbilo; y restaurará al hombre su justicia. * Yo sé a quién he creído, y estoy seguro que es poderoso para guardar mi depósito para aquel día. * Y el que estaba sentado en el trono dijo: He aquí, yo hago nuevas todas las cosas. Y me dijo: Escribe; porque estas palabras son fieles y verdaderas.

**EFESIOS 2:10; ZACARÍAS 2:8; JOB 33:26;
2 TIMOTEO 1:12; APOCALIPSIS 21:5.**

NUESTRA RESTAURACIÓN ES IMPORTANTE PARA DIOS

Jacob [...] dijo a sus hijos: [...] He aquí, yo he oído que hay víveres en Egipto; descended allá, y comprad de allí para nosotros, para que podamos vivir, y no muramos. Y descendieron los diez hermanos de José a comprar trigo en Egipto. Y José era el señor de la tierra, quien le vendía a todo el pueblo de la tierra; y llegaron los hermanos de José, y se inclinaron a él rostro a tierra. Y José, cuando vio a sus hermanos, los conoció; mas hizo como que no los conocía, y les habló ásperamente.

GÉNESIS 42:1–3; 6–7

Al principio, José optó por no enfrentar su pasado. Cuando sus hermanos se presentaron delante de él, ya había sido primer ministro de Egipto durante casi una década. Podía viajar a donde quisiera, pero había decidido no regresar a Canaán. ¿Armar un batallón y arreglar la cuenta pendiente con sus hermanos? Tenía los recursos. ¿Mandar a buscar a su padre, o al menos enviarle un mensaje? Había tenido al menos ocho años para aclarar las cosas. Sabía dónde podía encontrar a su familia, pero decidió no ponerse en contacto con ellos. Mantuvo los secretos de la familia en secreto, intactos y sin alborotarlos. José estaba satisfecho de haber dejado su pasado atrás.

Pero Dios no lo estaba. La restauración es importante para Dios. Curarnos del corazón requiere curarnos del pasado, y por eso Dios revuelve ciertas cosas.

"Y de toda la tierra venían a Egipto para comprar de José, porque por toda la tierra había crecido el hambre" (Génesis 41:57). Y en medio de la larga fila de gente que pedía ayuda en Egipto, miren quienes estaban: "Y descendieron los diez hermanos de José a comprar trigo en Egipto" (Génesis 42:3).

José los escuchó antes de verlos. Estaba preguntándole algo a un criado cuando de repente escuchó a unos hombres hablando en hebreo. No solo era el idioma de su corazón, sino el dialecto de su casa. El príncipe hizo un gesto para que el criado dejara de hablar. Se volvió, miró, y allí estaban.

Los hermanos lucían calvos, grises y acabados. Estaban pálidos y desnutridos por el hambre. Sus túnicas sudorosas rodeaban sus espinillas, y sus mejillas estaban llenas de polvo. Estos hebreos resaltaban en el sofisticado Egipto como un campesino resaltaría en Times Square. Cuando llegó su turno de pedirle granos a José, no lo reconocieron. Su barba estaba afeitada, tenía vestiduras reales, y el idioma que hablaba era egipcio. Maquillaje negro se extendía desde los lados de sus ojos. Llevaba una peluca negra sobre su cabeza que lucía como un casco. Nunca se les ocurrió que estaban delante de su hermanito.

Pensando que el príncipe no podía entender hebreo, los hermanos trataron de comunicarse con sus ojos y a través de gestos. Señalaron los bultos de grano y luego sus bocas. Señalaron al hermano que llevaba el dinero, y este pasó temeroso adelante y dejó caer las monedas sobre la mesa.

Cuando José vio el dinero, apretó los labios y sintió que se le revolvió el estómago. Le había puesto a su hijo por nombre "Dios me hizo olvidarlo", pero el dinero le hizo recordar todo. La última vez que vio monedas en manos de los hijos mayores de Jacob, ellos reían y él lloraba. Ese día, en la fosa, buscó en sus rostros misericordia, pero no la encontró. ¿Y ahora se atrevían a traerle dinero?

José llamó a un siervo que hablaba hebreo para que sirviera de intérprete. Entonces, frunció el ceño ante sus hermanos. "Hizo como que no los conocía, y les habló ásperamente" (Génesis 42:7).

Lo imagino con el tono de un vigilante nocturno despertado de su siesta de medianoche.—¿Quiénes son ustedes? ¿De dónde vienen?

Los hermanos cayeron rostro a tierra, lo que trajo a la mente de José un sueño de su infancia.

—Bueno, venimos de Canaán. ¿Ha oído hablar de ese lugar?

José se les quedó mirando, y dijo:

—No, no les creo. Guardias, ponga estos espías bajo arresto. Están aquí para infiltrar nuestro país.

Los diez hermanos hablaron de inmediato. "Nosotros, sus siervos, éramos doce hermanos, todos hijos de un mismo padre que vive en Canaán. El menor se ha quedado con nuestro padre, y el otro ya no vive" (v. 13, NVI).

José tragó grueso. Este era el primer informe sobre su familia que escuchaba en veinte años. Jacob estaba vivo, Benjamín también, y ellos pensaban que él estaba muerto.

—¿Saben qué? —dijo José bruscamente—. Dejaré que uno de ustedes regrese y traiga a su hermano menor. A los demás los echaré a la cárcel.

Con eso, José los ató de manos. Dio la orden con un

movimiento de la cabeza y fueron llevados a la cárcel. Probablemente a la misma celda donde él pasó al menos dos años de su vida.

¡Qué curiosa serie de acontecimientos! El tono de voz áspero, el trato rudo. La sentencia de cárcel. La manera en que fueron atendidos. Ya habíamos visto esta secuencia de acontecimientos con José y sus hermanos, solo que ahora los papeles se invirtieron. En la primera ocasión conspiraron contra él. Esta vez él conspiró contra ellos. Ellos lo habían tratado mal, y ahora él les daba un poco de su propia medicina. Lo habían arrojado a un pozo seco e ignoraron sus gritos pidiendo ayuda. Ahora era su turno.

¿Qué estaba pasando?

Creo que estaba tratando de ubicarse. Era el desafío más difícil de su vida. La hambruna no era nada comparado con esto. Había podido resistir la tentación de la señora Potifar. El trabajo que el Faraón le encomendaba lo hacía sin problemas. Pero esta mezcla de dolor y odio que sintió cuando vio su carne y sangre, era mucho para él. No sabía qué hacer.

Tal vez nosotros tampoco.

Nuestra familia nos falló. Nuestros primeros años fueron difíciles. Los que se suponía que debían cuidarnos no lo hicieron. Pero, al igual que José, tratamos de hacer lo mejor en medio de todo. Hicimos nuestra propia vida, e incluso comenzamos nuestra propia familia. Nos alegramos de haber visto a Canaán alejarse en el retrovisor. Pero Dios no.

Dios nos da más de lo que le pedimos, y profundiza en ello por nuestro bien. Él no solo quiere nuestro corazón,

Él quiere que nuestro corazón esté sano. ¿Por qué? Porque la gente herida tiende a herir a los demás. Pensemos en ello. ¿Por qué perdemos los estribos? ¿Por qué evitamos conflictos? ¿Por qué buscamos complacer a todos? ¿Tendrá esto algo que ver con un dolor que aún no ha sanado en nuestro corazón? Dios quiere ayudarnos a sanar.

LOS ESPACIOSOS CAMINOS DE LA GRACIA

LA VENGANZA ERIGE
UNA CASA SOLITARIA

En 1882, un hombre de negocios de la ciudad de Nueva York llamado Joseph Richardson poseía una franja de terreno muy estrecha en Lexington Avenue. El terreno tenía 5 pies de ancho y 104 pies de largo (1.5 x 32 m). Otro empresario, Hyman Sarner, poseía un terreno de dimensiones normales junto al flacuchento terreno de Richardson. Sarner quería construir un edificio de apartamentos que dieran hacia la avenida, así que le ofreció a Richardson mil dólares por su propiedad. Richardson se sintió muy ofendido por la cantidad, y exigió cinco mil dólares. Sarner se negó, Richardson llamó a Sarner tacaño, y se fue tirando la puerta.

Sarner supuso que el terreno permanecería vacante, así que instruyó al arquitecto para que diseñara el edificio con ventanas que dieran hacia la avenida. Cuando Richardson vio el edificio terminado, decidió bloquear la vista. Nadie iba a disfrutar de una vista gratis sobre su terreno.

Así que Richardson, de setenta años, construyó un edificio de 5 pies de ancho y 104 pies de largo, y de cuatro pisos de altura, con dos apartamentos en cada piso. Cuando terminó, él y su esposa se mudaron a uno de los apartamentos.

Sólo una persona a la vez podía subir las escaleras o caminar por el pasillo. La mesa de comedor más grande en cualquiera de los apartamentos tenía 18 pulgadas (45 cm) de ancho. Las estufas eran las más pequeñas que podían conseguirse en el mercado. Un reportero que era un poco rellenito se quedó una vez atascado en las escaleras y, luego de dos intentos fallidos de dos inquilinos tratando de liberarlo empujándolo, solo pudo salir después de quitarle la ropa.

Richardson pasó los últimos catorce años de su vida en la estrecha residencia que parecía ajustarse a su estrecho estado de ánimo.[5]

El edificio del rencor fue derribado en 1915, lo cual es extraño. Lo digo, porque recuerdo claramente haber pasado unas cuantas noches allí el año pasado. Y también unas cuantas semanas en él hace unos años. Además, si mi memoria no me falla, ¿no lo vi a usted también caminando apretujado por sus pasillos?

La venganza erige un edificio solitario en el que solo hay espacio para una persona. La vida de su inquilino se reduce a un objetivo: hacer desdichado a alguien. Y lo hace, solo que a él mismo.

No es de extrañar que Dios insista en "que ninguno sea como una planta de raíz amarga que hace daño y envenena a la gente" (Hebreos 12:15, DHH).

Nuestra curación implica que nos mudemos del edificio del rencor; que nos alejemos de ese estrecho mundo hacia el espacioso camino de la gracia; que salgamos de la dureza por el camino del perdón. Dios nos da ese impulso al sanar nuestro pasado.

*Airaos, pero no pequéis; no se ponga el sol
sobre vuestro enojo, ni deis lugar al diablo.*

EFESIOS 4:26–27

El perdón no restringe la justicia: la confía a
Dios. Él garantiza la justa retribución. Nosotros daríamos demasiado, o muy poco. Pero el
Dios de la justicia tiene la prescripción precisa.

¿Arreglar a nuestros enemigos? Ese es el
trabajo de Dios.

¿Perdonar a nuestros enemigos? Ah, ahí es
donde nosotros entramos. Nuestro trabajo es
perdonar.

En sus propias palabras:

LA HISTORIA DE CAROLYN Y ANNA

Hace veinte años caminamos detrás del ataúd de mi marido camino a su lugar de descanso. Se trataba—como después me daría cuenta—de un adiós, tanto a vivos como a muertos.

Anna había sido mi hijastra durante diez tempestuosos años, y su amado padre era el único enlace armonioso que había entre las dos. Después de su muerte, me aislé demasiado en mi propia desdicha como para extrañar a Anna. Ella y yo tomamos rumbos completamente diferentes, y nuestros pasos jamás volvieron a cruzarse. Rara vez pensábamos la una en la otra. Pero rara vez no significa nunca. Dios sabía que teníamos asuntos pendientes; así que el pasado mes de junio, Dios despertó una inquietud en mi mente: Tal vez la llame la próxima vez que esté en Houston. ¿Lo tomará Anna a bien? La oportunidad se presentó...y temblé mientras le dejaba un mensaje. No sabía si recibiría alguna respuesta.

Camino a casa desde Houston, sonó mi celular. ¡Era Anna! Ella también había dudado en llamarme, pero luego de las dos horas que pasamos de triste y amena conversación, decidimos reanudar nuestra relación. ¡Gloria a Dios! Desde entonces, Anna y yo hemos llevado una relación maravillosa, agradecidas a Dios por habernos ayudado a descubrir el profundo amor que tenemos la una por la otra.

Mi familia recibió nuevamente a Anna con los brazos abiertos. Resultó ser que ella nos necesitaba, y ciertamente nosotros también a ella. ¡Anna es una fuente continua de amor!

Anna y yo estamos felices de habernos reunido. Dios ciertamente nos devolvió todo lo que estaba perdido, tal como lo hizo en la historia de José. Lo que parecía un abismo sin esperanza causado por el tiempo y las circunstancias, el amor lo ha sellado.

EL PROCESO DEL PERDÓN

Comience el proceso del perdón.

1. No mantenga una lista de errores.

2. Ore por sus antagonistas en lugar de confabularse contra ellos.

3. Odie el mal, pero no odie a quienes lo han cometido.

4. Aparte su atención de lo que le hicieron y colóquela en lo que Jesús hizo por usted.

Por mucho que le cueste aceptarlo, Jesús también murió por ellos, y si Él considera que vale la pena perdonarlos, es porque lo vale.

La curación divina
implica alejarnos
del abarrotado
mundo del rencor
hacia formas
espaciosas de la
gracia; alejarnos
de la dureza
hacia el perdón.

"Permaneced en mí, y yo en vosotros". * Con Cristo estoy juntamente crucificado, y ya no vivo yo, mas vive Cristo en mí. * No juzguéis, y no seréis juzgados; no condenéis, y no seréis condenados; perdonad, y seréis perdonados.* Quítense de vosotros toda amargura, enojo, ira, gritería y maledicencia, y toda malicia. * Dios mío, enséñame a vivir como tú siempre has querido. * Y el mismo Jesucristo Señor nuestro, y Dios nuestro Padre […] conforte vuestros corazones, y os confirme en toda buena palabra y obra.

JUAN 15:4; GÁLATAS 2:20; LUCAS 6:37; EFESIOS 4:31; SALMO 25:4, DHH; 2 TESALONICENSES 2:16–17.

CUANDO DE PERDONAR SE TRATA...

Y aconteció que cuando acabaron de comer el trigo
que trajeron de Egipto, les dijo su padre: Volved, y
comprad para nosotros un poco de alimento.

Respondió Judá, diciendo: Aquel varón [José] nos protestó
con ánimo resuelto, diciendo: No veréis mi rostro si
no traéis a vuestro hermano con vosotros. Si enviares
a nuestro hermano con nosotros, descenderemos y
te compraremos alimento. Pero si no le enviares, no
descenderemos; porque aquel varón nos dijo: No veréis mi
rostro si no traéis a vuestro hermano con vosotros. [...]

Y alzando José sus ojos vio a Benjamín su
hermano, hijo de su madre, y dijo: ¿Es este vuestro
hermano menor, de quien me hablasteis? Y dijo:
Dios tenga misericordia de ti, hijo mío.

GÉNESIS 43:2-5, 29-31

Dios nos hace avanzar sanando nuestro pasado.
Pero, *¿puede Él realmente hacerlo?* ¿Puede sanar este
desastre? ¿Puede sanar las heridas del abuso sexual?
¿Puede sanar esta rabia que le tengo a mi padre por haber
abandonado a mi madre? ¿Este odio que siento cada vez
que recuerdo al que me trató como basura? ¿Puede Dios
curar este viejo dolor en mi corazón?

José se hizo estas preguntas. Jamás se supera el

recuerdo del abandono de diez hermanos. Se fueron, lo abandonaron en ese lugar y nunca más volvieron. Así que devolvió el favor. Cuando los vio en la línea para solicitar ayuda, les devolvió el golpe. Los acusó de traición y los arrojó a la cárcel. ¡Tomen eso! ¡Cobardes!

¿No es alentador saber que José también era humano? El tipo era tan bueno, que dolía. Soportó esclavitud, tuvo éxito en una tierra extranjera, aprendió un nuevo idioma y resistió las tentaciones sexuales. Era el prisionero modelo y el consejero perfecto del rey. Se rascaba, y salía sangre santa. Esperaríamos que al ver a sus hermanos, dijera: "Padre, perdónalos, porque no saben lo que hacen" (Lucas 23:34). Pero no lo hizo. No lo hizo porque perdonar a imbéciles es bien difícil.

Después de tres días, José liberó de la cárcel a todos, menos a uno de sus hermanos. El resto de los hermanos regresaron a Canaán para informarle de lo ocurrido a Jacob, su padre, que para ese momento era un anciano ya débil y cansado. Los hermanos le contaron que Simeón había sido retenido en Egipto como garantía de que regresarían con Benjamín, el hermano menor.

Los hermanos regresaron a Egipto con Benjamín a cuestas. José los invitó a una cena. Preguntó por Jacob, y cuando vio a Benjamín, no pudo más. "Dios tenga misericordia de ti, hijo mío", dijo antes de salir corriendo de la habitación para llorar (Génesis 43:29).

Regresó a comer, beber y disfrutar con sus hermanos. José los sentó según el orden de nacimiento, y pidió que a Benjamín se le diera un trato especial. Cada vez que a los hermanos les servían, Benjamín recibía cinco veces más. Ellos se dieron cuenta de esto, pero no dijeron nada.

José llenó sus sacos con comida y escondió su copa personal en el saco de Benjamín. Los hermanos apenas estaban iniciando el recorrido, cuando el mayordomo de José interceptó su caravana, examinó sus sacos y encontró la copa. Los hermanos rasgaron sus vestiduras (el equivalente antiguo a halarse los cabellos) y pronto se encontraron de nuevo delante de José, temiendo por sus vidas.

¡José no pudo soportar más! Les dio la bienvenida, lloró sobre ellos, comió con ellos, y luego les jugó una jugarreta. Estaba en guerra consigo mismo. Estos hermanos habían pelado la costra de su herida más antigua y profunda, y habría que pasar por sobre su cadáver antes de dejar que lo hicieran de nuevo. Por otro lado, eran sus hermanos, y habría que pasar por sobre su cadáver antes de permitirse perderlos de nuevo.

El perdón es así de fluctuante. Es intuitivo, y tiene días buenos y malos. Mezcla la ira con el amor. Su misericordia es irregular. Progresa, solo para dar un giro equivocado. Avanza y retrocede. Pero eso es bueno. Cuando de perdonar se trata, todos somos principiantes. Nadie tiene una fórmula secreta. Mientras estemos tratando de perdonar, estaremos perdonando. Es cuando dejamos de intentarlo que la amargura permanece.

JESÚS
NOS CUIDA

En sus propias palabras:

LA HISTORIA
DE JENNA

Me hice cristiana cuando era adolescente, y conocí a mi esposo en la universidad. Cuando teníamos veintitantos años, servimos en la iglesia y tuvimos tres niños juntos.

Pero al igual que José, sentí que fui arrojada a un pozo vacío cuando mi marido me abandonó por otra mujer después de quince años de matrimonio, y de paso se involucró en las drogas.

No hay palabras que puedan describir la frustración, la decepción y la ira que experimenté. Sola con tres hijos, sin dinero y con la fe destruida, me sentí traicionada por la única persona que había sido "mi familia". Pero me di cuenta de que Dios nunca me abandonó. Mientras me esforzaba por mantener un ambiente de amor para mis hijos y proporcionarles una sensación de seguridad, empecé un viaje con Dios que nunca habría experimentado si no hubiera sido por la tragedia de mi divorcio.

Al principio estaba furiosa con Dios, pero con el tiempo, acudí a la Biblia en busca de consuelo, específicamente a los salmos de David, que me hacían llorar cada vez que los leía. Cuando seguí el ejemplo de David y comencé a clamar a Dios, Él me habló en medio de mi dolor. No puedo explicarlo bien, pero he experimentado una presencia de la gracia en mi vida que verdaderamente me ha puesto de rodillas y me ha transformado.

Eso fue hace casi una década. Desde entonces, mi fe ha sido fuerte e inquebrantable, y asisto a una gran iglesia. Durante años crie a mis hijos sola, confiando en Dios, quien me ayudó para que me hiciera enfermera y cuidara de mi familia. Me siento como José, en el sentido de que no ha sido fácil criar una familia sola. No ha sido una prisión, sino más bien como una sala de espera. Sin embargo, ha moldeado mi vida de una manera impresionante. Luego de haber sido abandonados y decepcionados, de haber visto cómo la vida tomaba un giro aparentemente equivocado, puedo decir que todas esas pruebas a mi fe han sido para bien.

Una cosa más: siento que mi historia aún está en desarrollo. Quizás algún día tendré otro nuevo comienzo. Ahora no solo estoy conforme con lo que soy, sino que también confío en el Señor plenamente. ¡Él ha demostrado ser fiel y lo amo!

Porque el que me halle, hallará la vida, y alcanzará el favor de Jehová. * "No se alabe el sabio en su sabiduría, ni en su valentía se alabe el valiente, ni el rico se alabe en sus riquezas. Mas alábese en esto el que se hubiere de alabar: en entenderme y conocerme, que yo soy Jehová, que hago misericordia, juicio y justicia en la tierra; porque estas cosas quiero", dice Jehová. * El temor de Jehová es el principio de la sabiduría, y el conocimiento del Santísimo es la inteligencia.

PROVERBIOS 8:35;
JEREMÍAS 9:23-24; PROVERBIOS 9:10.

NUESTRA FUENTE
DE FORTALEZA

Usted nunca ha visto una escena como esta. El jugador de baloncesto está en la línea de tiro libre. Su equipo está perdiendo por un punto, y solo quedan unos segundos para finalizar el partido. Los jugadores de ambos equipos se agachan, listos para agarrar el rebote. El tirador toma el balón. La multitud está en silencio. Las porristas tragan grueso. Le repito: usted nunca ha visto una escena como esta. ¿Por qué lo digo? Porque el jugador que va a lanzar la bola nunca ha visto una escena como esta.

Es ciego.

Todos los demás miembros de su equipo, ven. Todos los miembros del equipo contrario, ven. Pero Matt Steven, un estudiante de secundaria en Upper Darby, Pennsylvania, no puede ver. Su hermano está debajo del aro, golpeándolo con una vara. Matt escucha, dribla y levanta el balón para lanzar. La pregunta es: ¿Por qué el entrenador de baloncesto ha colocado a un niño ciego para que haga el lanzamiento?

La respuesta corta: porque el entrenador es el hermano mayor de Matt.

La respuesta larga comienza en el nacimiento de Matt, quien vino al mundo con dos retinas permanentemente separadas. Matt perdió la visión en el ojo izquierdo cuando estaba en quinto grado, y en el ojo derecho cuando estaba en sexto. Pero a pesar de que Matt no puede ver, su hermano mayor Joe le sirve como sus ojos. Joe pasó su infancia ayudando a Matt a hacer lo imposible: a montar bicicleta, a patinar sobre hielo y a jugar al fútbol. Así que, cuando Joe comenzó a entrenar al equipo de básquetbol, trajo a su hermano pequeño con él. Matt nunca practica o juega con el equipo, pero con la ayuda de Joe, dispara tiros libres después de cada práctica. Cuando los demás miembros del equipo se van, los hermanos se quedan: el menor en la línea de lanzamiento; y el mayor debajo de la canasta, golpeándola con una vara.

Y ahora tenemos aquí a Matt como lanzador de tiro libre designado, en un juego de torneo. Joe convenció a los árbitros y a los rivales para que permitieran que Matt jugara. A todos les pareció una gran idea, pero nadie se imaginaba que el juego dependería de su tiro.

Hasta ahora Matt tiene 0 puntos de 6. El gimnasio permanece en silencio. Joe golpea el borde de hierro de la canasta con la vara. La madre de Matt trata de estabilizar la cámara de video en su mano. Matt rebota el balón, hace una pausa, y hace el lanzamiento. ¡Acaba de empatar el juego! Los gritos de los fanáticos resuenan por todo el gimnasio. Finalmente, la muchedumbre hace silencio para que Matt pueda oír el sonido de la vara golpeando el aro, y la escena nunca antes vista se repite. ¡Matt ha puesto a su equipo a ganar! El equipo contrario toma la pelota y hace un lanzamiento de larga distancia hacia la canasta contraria, y falla. El juego ha terminado, y Matt es el héroe. Las gradas son una algarabía, mientras el héroe Matt trata de devolverse como puede hasta la banca. ¿Adivinen quién viene a ayudarlo? Así es, Joe.[6]

Los hermanos mayores pueden marcar la diferencia.

¿Necesitamos uno urgentemente? Nosotros no estamos tratando de encestar un balón, sino de ganarnos la vida, de hacer un amigo, o de encontrarle sentido a la mala racha que hemos tenido. ¿Necesitamos la ayuda y la protección de un hermano fuerte? Miremos al cielo.

"El que santifica y los que son santificados, de uno son todos; por lo cual no se avergüenza de llamarlos hermanos" (Hebreos 2:11). Jesús, el Príncipe del cielo, es nuestro Hermano. Él nos dice: "Vengan a mí todos los que están cansados y llevan cargas pesadas, y yo les daré descanso" (Mateo 11:28, NTV), y cuida de nosotros. En Él, "abogado tenemos para con el Padre, a Jesucristo el justo" (1 Juan 2:1). Nuestro Hermano "suplirá todo lo que os falta conforme a sus riquezas" (Filipenses 4:19).

Confiemos en que Él nos cuidará.

Porque yo sé muy bien los planes que tengo para ustedes —afirma el Señor—, planes de bienestar y no de calamidad, a fin de darles un futuro y una esperanza.

JEREMÍAS 29:11, NVI

En la medida en que creamos y aceptemos la visión de Dios para nuestras vidas, podremos andar seguros en ella.

Cuando la gente nos lance al pozo, nos pondremos de pie. Dios usará esas circunstancias para nuestro bien. Cuando los miembros de nuestra familia nos vendan, nos volveremos a levantar.

Dios reciclará nuestro dolor.

EL AMOR VENCIÓ

*Y dijo José a sus hermanos: Yo soy José; ¿vive aún
mi padre? Y sus hermanos no pudieron responderle,
porque estaban turbados delante de él. Entonces dijo
José a sus hermanos: Acercaos ahora a mí. Y ellos se
acercaron. Y él dijo: Yo soy José vuestro hermano, el que
vendisteis para Egipto. Ahora, pues, no os entristezcáis,
ni os pese de haberme vendido acá; porque para
preservación de vida me envió Dios delante de vosotros.*

GÉNESIS 45:3–5

Cuando los hijos de Jacob estaban delante
de José, eran la representación viva de la clemencia. Habían sido acusados de haberse robado la copa de plata. Eran
unos pobres pastores callados ante un poderoso soberano.
No tenían nada que ofrecer sino oraciones, y nada que
pedir sino ayuda. Judá procedió a contarle al príncipe su
historia. Le habló de su frágil y anciano padre. Le habló
del hijo que su padre había perdido, y de cómo perder a
Benjamín seguramente terminaría de matarlo. Judá incluso
se ofreció a quedarse en lugar de Benjamín si eso era necesario para salvar a su familia. Estaban rostro a tierra esperando misericordia. Pero recibieron mucho más que eso.

José les pidió a sus siervos e intérpretes que salieran de
la habitación. Entonces, "José ya no pudo contenerse" (Génesis 45:1, DHH). Enterró su rostro entre sus manos y comenzó a temblar por el llanto. No era un sollozo suave,
sino un llanto que resonó en los pasillos del palacio. Eran

los gemidos catárticos de un hombre en el momento de su más profunda curación. Veintidós años de lágrimas habían llegado a su fin. La ira y el amor habían dejado de enfrentarse. El amor había vencido.

Allí reveló su identidad: "Yo soy José; ¿vive aún mi padre?" (v. 3). Once gargantas tragaron grueso, y veintidós ojos se pusieron del tamaño de platillos. Los hermanos, aún en una profunda genuflexión, no se atrevían a moverse. Se aventuraron a mirarse unos a otros y pronunciaron el nombre: "¿José?". Su último recuerdo de su hermano menor era el de un muchacho de cara pálida y asustada que fue llevado a Egipto. Luego de venderlo, contaron las monedas y se lavaron las manos. En ese entonces era un adolescente. ¿Ahora es un príncipe? Levantaron lentamente sus rostros.

José bajó las manos. Su maquillaje se había corrido por las lágrimas, y la barbilla aún le temblaba. Su voz se entrecortó al decirles: "Acérquense a mí".

Se pusieron lentamente de pie. Cautelosamente. "Yo soy su hermano José, el que ustedes vendieron a Egipto" (v. 4, DHH).

José les dijo que no tuvieran miedo. "Dios me envió delante de ustedes: para salvarles la vida de manera extraordinaria" (v. 7, DHH). Dicho de otra manera: "Esta historia es más compleja de lo que ustedes se imaginan".

Los hermanos todavía no estaban seguros de quién era este hombre. Este hombre que lloraba por ellos, los llamó a acercarse, y ahora se preocupaba por ellos.

José les pidió que buscaran a sus familias y las trajeran a Egipto. Prometió proveer para ellos, y selló la promesa con más lágrimas. Se levantó de su silla y abrazó a su hermanito. "Y abrazó José a su hermano Benjamín, y comenzó a llorar. [...] Luego José, bañado en lágrimas, besó a todos sus hermanos. [...] Entonces se animaron ellos a hablarle" (vv. 14–15, NVI).

La hostilidad y la ira se derritieron sobre el suelo de mármol.

Para ese momento, los hermanos comenzaron a darse cuenta de que estaban fuera de peligro. La hambruna seguía azotando. Los campos seguían sedientos. Las circunstancias seguían siendo hostiles. Pero finalmente estaban a salvo. ¿Sobrevivirían porque eran buenos? No. Sobrevivirían porque eran parte de la familia real. El príncipe era su hermano.

¡Qué extraordinario regalo! Nosotros también sabemos lo que es el hambre. Al igual que los hermanos de José, hemos pasado por temporadas de sequía. Hemos estado sin recursos. Se nos han agotado los suministros. La energía ha expirado. Hemos vivido lo que vivieron los hermanos.

Y hemos hecho lo que ellos hicieron. Hemos herido a nuestros seres amados. ¿Los vendimos como esclavos? Tal vez no, pero quizá perdimos la calma con ellos. ¿Hemos tenido las prioridades al revés? Probablemente. Al igual que los pastores de Beerseba, hemos buscado la ayuda del Príncipe, nuestro Príncipe. Hemos ofrecido nuestras oraciones y hemos luchado nuestro caso. Nos hemos preguntado si Él tendrá un lugar para alguien como nosotros. Lo que los hermanos encontraron en el palacio de José, nosotros lo tenemos en Jesucristo. El Príncipe es nuestro hermano.

No siempre
podemos ver lo que
Dios está haciendo,
pero, ¿no podemos
suponer que se trata
de algo bueno?

LA HISTORIA
DE MILLICENT

Yo tenía veintitrés años cuando obtuve mi primer trabajo como maestra. También me acababan de romper el corazón. No hubo compromiso oficial, ni matrimonio, ni hijos, ni casa. Había vivido bajo la Regla de Oro. Había sido una buena chica, pero alguien más viviría el cuento de hadas, no yo.

Durante mi primera semana, me tocó supervisar el almuerzo. Llegué al patio temprano, con el propósito de mantenerme ocupada viendo a los niños. ¡Siempre he buscado mantenerme ocupada! Sin embargo, poco imaginaba yo que en este patio me haría amiga del hombre que salvaría mi corazón y, a su vez, mi alma. Dee Lucado era mi compañero en la asignación del almuerzo. Éramos las dos personas más diferentes del mundo, pero nuestra angustia era la misma y la reconocimos inmediatamente. Dee estaba separado de su esposa en ese momento y, como yo, estaba luchando por encontrar su camino. Nos hicimos amigos al instante (si alguna vez usted se ha encontrado solo, sabe que lo menos que uno quiere es sentirse solo).

Dee y yo asistíamos a todos los partidos de fútbol de la escuela, juegos de baloncesto, actividades escolares, o cualquier cosa que surgiera para ocupar el tiempo y no ir a lo que sabíamos sería una casa vacía, sin llamadas telefónicas, ni nadie esperando. Un fin de semana, Dee planeó ir a un juego de los Spurs con un grupo de maestros. Como yo nunca había asistido a un partido de baloncesto profesional, me ofrecí a recogerlo para que Él no tuviera que conducir, estacionarse y caminar solo. Entré a la sala de Dee, un lugar vacío, excepto por pilas de libros recostadas a las paredes. Dee salió de la habitación de atrás con una caja. "Mi hermano escribe libros. Tengo algunos para ti, y te los ha dedicado. Creo que podrían ayudarte. Te ayudarán a sanar tu corazón". Cortésmente los tomé y los puse en el maletero de mi automóvil. Ya había leído libros de autoayuda, y solo me habían hecho sentir más débil. Dee y yo nunca mencionamos los libros de nuevo. Al final del año, Dee se reconcilió con su esposa y se mudó. Su dolor había terminado.

Ese verano, el hombre con el que se suponía que me casaría, se estaba casando con otra, y mi corazón no pudo soportar estar en el mismo país que él, así que decidí escaparme a México. Me fui con uno de los libros que Dee me había dado: *En el ojo de la tormenta*. Mientras leía, lloré, reí, y comencé a sanar. Aunque me sentía sola...yo no estaba sola. Aunque me sentía destrozada...yo no estaba sola. Aunque me sentía perdida...yo no estaba sola. Había olvidado que había alguien a quien debía amar más, en quien debía creer más, y en quien debía confiar más. Había olvidado que había alguien que jamás me dejaría, que nunca me abandonaría. Había olvidado el amor puro e incondicional que nuestro Señor nos da. Gracias Dee, por mostrarme el camino a tu hermano Max. Gracias Max, por mostrarme el camino de regreso al Señor.

Tome su Biblia, elabore una lista de las cualidades principales de Dios y presione en su corazón. Mi lista se lee así:

1. Dios sigue siendo soberano. Él todavía sabe mi nombre (Daniel 12:1).

2. Los ángeles aún responden a su llamado (Salmo 91:11).

3. Los corazones de los gobernantes aún se doblegan bajo sus órdenes (Salmo 138:4).

4. La muerte de Jesús todavía salva a las almas (2 Corintios 3:5–6).

5. El espíritu de Dios todavía habita en los santos (Hechos 2:38).

6. El cielo sigue estando cerca (Mateo 4:17).

7. El sepulcro sigue siendo un lugar de descanso temporal (Juan 5:28–29).

8. Dios aún es fiel. Nada lo toma desprevenido (1 Corintios 1:8–9).

9. Él usa todo para su gloria y para nuestro bien (Romanos 8:28).

10. Él utiliza la tragedia para cumplir su voluntad, y su voluntad es justa, santa y perfecta (2 Corintios 4:8-10).

11. El dolor puede llegar con la noche, pero la alegría viene con la mañana (Lamentaciones 3:22-23).

12. Dios da fruto en medio de la aflicción (2 Corintios 1:5-7).

CREER ES
EL MÁS SUPREMO
DE LOS ACTOS

DIOS ESTÁ EN LA CRISIS

En los días previos a la guerra con Alemania, el gobierno británico encargó una serie de carteles. El objetivo era capturar algunas consignas alentadoras en papel y distribuirlas por todo el país. Se usaron letras mayúsculas en una tipografía fuerte, y se seleccionó un formato de dos colores simple. La único gráfica era la corona del rey Jorge VI.

El primer cartel fue distribuido en septiembre de 1939:

**NUESTRO VALOR
NUESTRO ÁNIMO
NUESTRA DETERMINACIÓN
NOS DARÁN LA VICTORIA**

Poco después fue producido un segundo cartel:

**LA LIBERTAD ESTÁ EN PELIGRO.
DEFENDÁMOSLA CON TODAS
NUESTRAS FUERZAS**

Estos dos carteles aparecieron por todo el país. En plataformas ferroviarias y en *pubs*, en tiendas y restaurantes. Estaban por todas partes. Un tercer cartel fue creado, pero nunca fue distribuido. Más de dos millones y medio de ejemplares fueron impresos pero nunca vistos, sino hasta sesenta años más tarde, cuando el dueño de una librería en el noreste de Inglaterra, descubrió uno en una caja de libros antiguos que había comprado en una subasta. En él se lee:

MANTÉN LA CALMA
Y SIGUE ADELANTE

El cartel llevaba la misma corona y el mismo estilo de los dos anteriores. Sin embargo, nunca fue lanzado al público, pero fue mantenido en reserva para una crisis extrema, como la invasión de Alemania. El dueño de la librería lo enmarcó y lo colgó en la pared. Se hizo tan popular, que la librería comenzó a producir imágenes idénticas del diseño original en tazas de café, postales y afiches. Al parecer, a todo el mundo le encantó el recordatorio de otra generación a mantener la calma y seguir adelante.[7]

Nosotros podemos hacer lo mismo. No podemos controlar el clima. No estamos a cargo de la economía. No podemos deshacer el tsunami ni dar marcha atrás al accidente de automóvil, pero podemos elaborar una estrategia. Recordemos que Dios está en esta crisis. Pidámosle que nos dé un plan que quepa en una tarjeta tipo ficha; dos o tres pasos que podamos tomar hoy.

Dios nos da
esperanza porque
Él se nos ha dado a
sí mismo. Él quiere
que sepamos que
nunca estamos solos.

CONFIEMOS Y ACTUEMOS

Cuando enfrentamos una crisis, buscamos el consejo de alguien que ha pasado por desafíos similares. Les pedimos a nuestros amigos que oren. Buscamos recursos. Visitamos un grupo de apoyo. Y lo más importante: hacemos un plan.

Jim Collins, una autoridad en el área de administración de empresas, tiene algunas buenas palabras en este sentido. Él y Morten T. Hansen estudiaron liderazgo en tiempos turbulentos. Analizaron a más de veinte mil compañías, buscando datos para encontrar una respuesta a esta pregunta: "¿Por qué en tiempos de incertidumbre algunas compañías prosperan mientras que otras no?". Concluyeron que "[los líderes exitosos] no son más creativos. No son más visionarios. No son más carismáticos. No son más ambiciosos. No son más bendecidos por la suerte. No buscan arriesgarse más. No son más heroicos. Y no son más propensos a hacer movimientos grandes y audaces". ¿Qué marca entonces diferencia? "Todos lideraron a sus equipos con un sorprendente método de autocontrol en un mundo fuera de control".[8]

Al final, no son los más interesantes y extravagantes los que sobreviven, sino aquellos con manos firmes y mentes sobrias. Personas como Roald Amundsen. En 1911, él encabezó a un equipo noruego en la carrera por alcanzar el Polo Sur. Robert Scott dirigió un equipo inglés. Las dos expediciones se enfrentaron a desafíos y terrenos idénticos. Soportaron las mismas temperaturas de congelación y un ambiente implacable. Tenían igual acceso a la tecnología y el equipo de su época. Sin embargo, Amundsen y su equipo llegaron al Polo Sur treinta y cuatro días antes que Scott. ¿Qué marcó la diferencia?

La planificación. Amundsen era un estratega incansable. Tenía una estrategia clara de viajar de quince a veinte millas por día. ¿Había buen tiempo? De quince a veinte millas. ¿Había mal tiempo? De quince a veinte millas. Ni más ni menos. Siempre de quince a veinte millas.

Scott, por el contrario, era irregular. Llevaba a su equipo al agotamiento cuando había buen tiempo, y se detenía cuando había mal tiempo. Los dos hombres tenían filosofías diferentes y, en consecuencia, los resultados fueron diferentes. Amundsen alcanzó el objetivo sin perder a un solo hombre. Scott no solo no alcanzó el objetivo, sino que perdió su vida y la de todos los miembros de su equipo.[9]

Y todo por la falta de un plan.

¿Preferiríamos un milagro para nuestra crisis? ¿Preferiríamos ver el pan multiplicarse o el mar tempestuoso volver a la calma con un chasquido de los dedos de Dios? Él puede hacerlo.

Entonces, Él nuevamente dirá: "Yo estoy contigo. Puedo usar tu circunstancia para bien. Ahora, hagamos un plan". Confiemos entonces en su ayuda.

La soberanía de Dios no niega nuestra responsabilidad.

Todo lo contrario, nos capacita para asumirla. Cuando confiamos en Dios, pensamos más claramente y reaccionamos de manera más decidida. Como Nehemías, quien dijo: "Oramos a Dios y pusimos guardias de día y de noche para protegernos" (Nehemías 4:9).

Oramos…y actuamos. Confiamos y actuamos. Confiemos en que Dios hará lo que nosotros no podamos. Obedezcamos a Dios y hagamos lo que podamos.

Como son más altos los cielos que la tierra, así son mis caminos más altos que vuestros caminos, y mis pensamientos más que vuestros pensamientos.

ISAÍAS 55:9

No dejemos que la crisis nos paralice.
No dejemos que la tristeza nos abrume.
No dejemos que el miedo nos intimide.
No actuar es incorrecto.
Actuar es lo correcto.
Y creer, el camino más alto.

DIOS USA EL DOLOR

Hace poco desayuné con un amigo, y la mayor parte de nuestra conversación giró en torno a la salud de su hijo de catorce años. Hace siete años, encontraron un tumor detrás del bazo del niño. Luego del descubrimiento, fueron varios meses de extenuante oración y quimioterapia. El niño se recuperó, y ahora juega fútbol en el equipo de su secundaria, y la clínica del cáncer es un recuerdo distante en el pasado.

Personalmente, la parte de la historia relacionada con el descubrimiento del tumor me pareció fascinante. El chico siete años estaba jugando con unos primos. Uno de ellos, le dio una patada accidental en el estómago. Como el dolor era agudo, prefirieron llevarlo al hospital, donde un médico precavido pidió una serie de pruebas. Estas pruebas fueron las que llevaron al cirujano a descubrir y eliminar el tumor. Después de retirar el cáncer, el padre le preguntó al médico cuánto tiempo había estado presente el tumor en su hijo. Aunque era imposible saberlo con certeza, la forma y el tamaño del tumor indicaron que no tenía más de dos o tres días de vida.

"Así que —le dije—, Dios usó una patada en el intestino para que tu hijo fuera sometido a tratamiento".

Luego está la historia de Isabel. Isabel pasó los primeros tres años y medio de su vida en un orfanato nicaragüense. Sin madre y sin padre, y sin esperanza de tenerlos. A medida que más huérfanos van llegando, las probabilidades de adopción disminuyen con el tiempo.

Cada mes que pasaba disminuía la probabilidad de que Isabel fuera ubicada en un hogar.

Hasta que una puerta golpeó su dedo. Isabel iba junto a los otros niños al patio para jugar, cuando una puerta de pantalla se cerró fuertemente, golpeando su mano. El dolor le subió por todo el brazo, y el grito que Isabel dio resonó por todo el patio. En un caso así, podríamos preguntarnos: ¿Por qué Dios permite que esto suceda? ¿Por qué un Dios benevolente y omnipotente permite que una chica inocente, con más desafíos de los normales para una niña de su edad, tenga que soportar un dolor adicional?

Tal vez para llamar a la atención de Ryan Schnoke, un estadounidense aspirante a padre que estaba sentado en el patio en ese momento. Él y su esposa Cristina habían tratado de adoptar a un niño durante meses. Ningún otro adulto estuvo cerca para ayudar a Isabel, así que Ryan se acercó, la levantó y la consoló.

Varios meses después, estando ya Ryan y Cristina a punto de darse por vencidos, Ryan recordó a Isabel y decidió intentarlo una vez más. Esta vez la adopción tuvo éxito. La pequeña Isabel actualmente vive en un hogar feliz y saludable.

¿Una patada en los intestinos?

¿Un dedo pisado por una puerta?

Dios no produce el dolor, pero ciertamente le encuentra uso.

Oye, oh Dios, mi clamor; a mi oración atiende.
Desde el cabo de la tierra clamaré a ti, cuando
mi corazón desmayare. Llévame a la roca que
es más alta que yo, porque tú has sido mi
refugio, y torre fuerte delante del enemigo.
Yo habitaré en tu tabernáculo para siempre;
estaré seguro bajo la cubierta de tus alas. *
Pongan sus preocupaciones en las manos de
Dios, pues él tiene cuidado de ustedes. [...]
Dios hará que todo vuelva a estar bien y que
ustedes nunca dejen de confiar en él; les dará
fuerzas para que no se desanimen, y hará
que siempre estén seguros. * No se angustien
por el mañana, el cual tendrá sus propios
afanes. Cada día tiene ya sus problemas.

SALMO 61:1-4; 1 PEDRO 5:7, 10, TLA;
MATEO 6:34, NVI.

Con la ayuda
de Dios podrá
superar los retos.

En sus propias palabras:

LA HISTORIA
DE BROOK

Crecí en un maravilloso hogar cristiano, en medio de un matrimonio perfecto, en el que mis padres me criaron de manera resuelta para el Señor. Yo amaba a Dios, pero en mi juventud perdí completamente la sintonía con lo que significaba vivir para Dios.

Cuando fui a la universidad comencé a beber…y mucho. Después de graduarme, continué juntándome con personas que no valoraban públicamente al Señor. Yo quería y seguía buscando paz, estabilidad y un buen esposo…pero no encontré ninguna de esas cosas.

La soledad que se experimenta cuando buscamos las cosas del mundo, me obligó a dejar mi trabajo y cruzar el país para irme a vivir a Washington D. C. con mis hermanas. Pensaba que la proximidad a mi familia ayudaría a aliviar el dolor y llenar el vacío que sentía. En un período de dos semanas, conocí a Patrick. Él amaba a su familia, al Señor, y a mí. Comenzamos a salir, y mi vida comenzó a tener sentido.

Después de haber salido durante seis meses, Patrick se enfermó. Le fue diagnosticado un linfoma linfoblástico en estadio IV, un cáncer infantil que no es diagnosticado generalmente en adultos. Y el cáncer estaba en todas partes: en sus ganglios linfáticos, en la médula ósea, en todo su cuerpo. Las memorables noches y salidas por D. C. se convirtieron en interminables días y noches en hospitales, en donde conocí el horrible rostro del cáncer. La nuestra se convirtió en una relación de enfermera y paciente, en lugar de la típica relación de enamorados.

Lloré mucho, y oré mucho, pero aún no decidía regresar a la iglesia. Además, yo confiaba en que Dios nos ayudaría a Patrick y a mí a pasar por esto, pero no lo estaba alabando. Me mantenía en comunicación con mi Padre celestial, pero no confiaba en la plenitud de su poder y su gracia. Mi hermana finalmente me habló del tema. Heather me pidió encarecidamente que retomara el estilo de vida cristiano bajo el que habíamos sido criadas, y que comenzara a asistir a la iglesia. Al insistir en que comenzara a vivir en concordancia con lo que ella sabía que yo creía, me dijo que la única manera en que conseguiría superar todo lo que estaba viviendo era que confiara plenamente en el señor.

Así que cuando Patrick no estaba en el hospital, comenzamos a asistir a la iglesia juntos de forma habitual. Comenzamos a adorar juntos, lo que por cierto le dio una nueva dimensión a nuestra relación. La adoración también me recordó que ningún cáncer es demasiado grande para nuestro Dios. Después de tres largos años de quimioterapia y radiación, después de tantas visitas al hospital que perdimos la cuenta, Patrick ha estado libre de cáncer durante seis años.

Después de casarnos, Dios nos recordó lo grande que es, y sabemos que le encanta vernos alegres después de haber estado con nosotros a través de la tormenta. Luego, contra todas las probabilidades, y a pesar de lo que parecían ser obstáculos médicos insuperables, Dios nos bendijo con una niña, a la que llamamos Grace.

¿Hablamos más de forma espontánea de nuestros problemas, que de la fuerza que Dios nos da? Si es así, no es de extrañar entonces que nuestra vida sea difícil. Estamos dando por sentado que Dios no está en esta crisis.

Pero lo está.

DIOS ESTUVO EN LAS CRISIS

No había pan en toda la tierra, y el hambre era
muy grave, por lo que desfalleció de hambre
la tierra de Egipto y la tierra de Canaán.

GÉNESIS 47:13

Durante el tiempo en que José estuvo luchando para reconciliarse con sus hermanos, los egipcios también estaban atravesando una catástrofe. Habían pasado dos años desde la última gota de lluvia. El cielo era interminablemente azul. El sol inclementemente caliente. Cadáveres de animales llenaban el suelo, y ninguna esperanza aparecía en el horizonte. La tierra era un saco de polvo. La ausencia de lluvia significaba ausencia de agricultura. La ausencia de cultivos significaba ausencia de comida. Cuando la gente le pedía ayuda al Faraón, él le decía: "Id a José, y haced lo que él os dijere" (Génesis 41:55).

José enfrentó una calamidad a escala global.

Sin embargo, contrastemos la descripción del problema con el resultado. Pasaron los años, y la gente le dijo a José: "¡Usted nos ha salvado la vida! ¡Denos ahora el privilegio de ser esclavos del rey!" (Génesis 47:25, TLA).

El pueblo se mantuvo tranquilo. Una sociedad que estaba lista para ser internada en un hospital, terminó agradeciendo al gobierno en lugar de atacarlo. Esto nos hace preguntarnos si José alguna vez impartió un curso de manejo de crisis. Si lo hizo, seguramente incluyó las palabras que dijo a sus hermanos: "Ya van dos años de hambre en el país, y todavía durante cinco años más no se cosechará nada, aunque se siembre. Pero Dios me envió antes que a ustedes para hacer que les queden descendientes sobre la tierra, y para salvarles la vida de una manera extraordinaria" (Génesis 45:5–7, DHH).

José comenzó y terminó su evaluación de la crisis con referencias a Dios. Dio por sentado que Dios estaba en medio de la crisis.

Seguidamente, enfrentó la crisis con un plan. Recogió grano durante los años de abundancia, y los distribuyó durante los años malos. Cuando la gente se quedó sin comida, se la dio a cambio de dinero, ganado y bienes. Después de estabilizar la economía, le dio al pueblo una lección de administración: "De los frutos daréis el quinto a Faraón, y las cuatro partes serán vuestras para sembrar las tierras, y para vuestro mantenimiento" (Génesis 47:24).

José nunca resucitó muertos, pero evitó que la gente muriera. Nunca curó a los enfermos, pero evitó que la enfermedad se propagara. Hizo un plan y lo llevó a cabo. Y porque lo hizo, la nación sobrevivió. Triunfó con un plan tranquilo y metódico.

Por tanto, nosotros también, teniendo en derredor nuestro tan grande nube de testigos, despojémonos de todo peso y del pecado que nos asedia, y corramos con paciencia la carrera que tenemos por delante.

HEBREOS 12:1

Arriba en lo alto hay una multitud de testigos. Son los Abraham, Jacob y José de todas las generaciones y naciones…Prestemos atención, y escuchemos a la multitud de hijos de Dios decirnos: "¡Corre! ¡Corre! —nos dicen animados— ¡Dios estará contigo a través de todo esto!".

DEL DOLOR
A LA ESPERANZA

EN EL CIELO
NOS ESPERAN

Colton Burpo solo tenía cuatro años cuando sobrevivió a una apendicectomía de emergencia. Sus padres estaban muy contentos porque el niño había sobrevivido, pero estaban atónitos por lo que el niño comenzó a contarles. Durante los próximos meses, Colton habló de su visita al cielo. Describió exactamente lo que sus padres habían hecho durante la operación, y habló de personas que conoció en el cielo, y que nunca había conocido en la tierra o de las cuales le habían hablado. En el libro *El cielo es real*, el padre de Colton relata el momento en que el niño de cuatro años le dijo a su mamá: "Tuviste un bebé muerto en tu barriguita, ¿no?"

Los padres nunca le habían hablado del aborto a su hijo. Era demasiado joven para procesarlo. Su madre no pudo contener la emoción:

—¿Quién te dijo que tuve un bebé muerto en mi barriguita?

—Ella misma, mami. Ella me dijo que murió en tu barriguita. Ella está bien, mamá. Ella está bien. Dios la adoptó.

—¿Quieres decir que Jesús la adoptó?

—No, mamá, el Papá de Jesús la adoptó.

—¿Cuál es su nombre? —preguntó la mamá—. ¿Cuál es el nombre de la niña?

—No tiene nombre. Ustedes no le pusieron.

Los padres estaban atónitos. No había manera de que

Colton supiera todo eso. Tenía un recuerdo más, y lo compartió antes de salir a jugar: "Ella dijo que está ansiosa de que tú y papá lleguen al cielo".[10]

Hay alguien en el cielo que está diciendo las mismas palabras acerca de nosotros. ¿Nuestro abuelo? ¿Nuestra tía? ¿Nuestro hijo? Ellos esperan con ansia el día en que la familia de Dios está de nuevo reunida. ¿No deberíamos nosotros hacer lo mismo?

Enjugará Dios toda lágrima de los
ojos de ellos; y ya no habrá muerte, ni
habrá más llanto, ni clamor, ni dolor;
porque las primeras cosas pasaron.

APOCALIPSIS 21:4

Lo primero que Dios hará en el cielo será frotar un pulgar sobre la mejilla de cada niño, como diciéndole: "Ya no más lágrimas aquí". Este largo viaje llegará a su fin, y nosotros lo veremos.

Y también *los veremos a ellos*.

En nuestro hogar celestial ya no habrá despedidas. Hablaremos *de Dios*, pero ya no habrá otro *adiós*. El adiós no existirá jamás.

Dejemos que la promesa nos convierta, de perdedores a buscadores; de abatidos a esperanzados; de habitantes de la tierra de las despedidas, a habitantes del cielo de los encuentros. Nuestro Príncipe ha programado esa reunión.

LA REUNIFICACIÓN FAMILIAR

José les proporcionó [a sus hermanos] carros [...], y les dio provisiones para el viaje. A cada uno le dio ropa nueva, pero a Benjamín le dio cinco mudas de ropa y trescientas monedas de plata. También le envió a su padre diez burros cargados con los mejores productos de Egipto, y diez burras cargadas con grano, pan y otras provisiones que necesitaría para el viaje. Entonces José despidió a sus hermanos y, cuando se iban, les dijo: "¡No se peleen por todo esto en el camino!". Y ellos salieron de Egipto y regresaron donde vivía su padre Jacob, en la tierra de Canaán.

GÉNESIS 45:21–25, NTV

Los hijos de Jacob regresaron a Canaán a la moda. No más túnicas gastadas y burros demacrados. Conducían camionetas nuevas llenas de regalos. Llevaban chaquetas de cuero y botas de piel de caimán. Sus esposas e hijos los vieron en el horizonte. "¡Están de regreso! ¡Están de regreso!", seguido de abrazos y besos.

Jacob salió de una tienda. Su vieja cabellera plateada le llegaba hasta los hombros. Lucía encorvado. Su rostro, como de cuero, de cuero crudo. Miró con los ojos entreabiertos debido a los bronceados rostros de sus hijos que se acercaban con todo el botín. Estaba a punto de preguntar dónde habían robado todas esas cosas, cuando uno de ellos le dijo: "José sigue vivo, y es gobernador de toda la tierra de Egipto". "Y el corazón de Jacob se afligió, porque no les creía" (Génesis 45:26).

El viejo agarró su pecho. Tenía que sentarse. La tristeza había socavado los últimos vestigios de alegría de Jacob. Pero cuando los hijos le dijeron lo que José había dicho, cómo había preguntado por Jacob, cómo les había pedido que se fueran a Egipto, el espíritu de Jacob revivió.

Sus ojos comenzaron a brillar, y sus hombros se enderezaron. "Entonces dijo Israel: Basta; José mi hijo vive todavía; iré, y le veré antes que yo muera" (v. 28).

Jacob tenía 130 años en ese momento, lo cual se dice fácil. Tenía reumas, y problemas en sus articulaciones, pero nada impediría que viera a su hijo. Tomó su vara, y dio la orden: "¡Carguen todo! Nos vamos a Egipto".

Setenta personas emprendieron el viaje.

Y qué viaje fue. Pirámides, palacios, granjas irrigadas, silos. Nunca habían visto nada parecido. Entonces, llegó el momento que habían estado esperando: un amplio flanco de la realeza apareció en el horizonte. Carros, caballos y la Guardia Imperial.

Cuando el séquito se acercó, Jacob se inclinó para ver mejor el hombre en el carro del centro. Cuando vio su rostro, Jacob susurró: "José, hijo mío".

En la distancia, José se inclinó hacia delante en su carro. Le pidió al conductor que le diera un fuetazo al caballo. Cuando los dos grupos se encontraron en el plano de la llanura, el príncipe no dudó. Bajó de su carro y corrió en dirección a su padre. En cuanto José lo vio, "se echó sobre su cuello, y lloró sobre su cuello largamente" (Génesis 46:29).

Se acabaron las formalidades. Se olvidó el protocolo. José enterró su rostro en el hombro de su padre y "lloró sobre su cuello largamente" (versículo 29). Mientras las lágrimas humedecían la túnica de su padre, ambos hombres se juraron que nunca más se despedirían.

El *adiós*. Para algunos esta palabra es el desafío de la vida. Superarlo representaría superar la soledad, el dolor agotador. Dormir solos en una cama matrimonial. Caminar por los pasillos de una casa silenciosa. Llamar su nombre inadvertidamente, o hacer inconscientemente el amago de tomar su mano. Al igual que a Jacob, la separación ha agotado nuestro espíritu. Nos sentimos en cuarentena, aislados. El resto del mundo ha seguido adelante, pero a nosotros nos duele hacerlo. No podemos, no podemos con el adiós.

Pero, ¡animémonos! Dios ya lo ha anunciado: las despedidas tienen los días contados. Están cayendo como granos en un reloj de arena. Si en la sala del trono celestial hay un calendario, hay un día encerrado en un círculo rojo y resaltado en amarillo. Dios ha decretado la reunificación familiar:

> Porque cuando Dios dé la orden por medio del jefe de los ángeles, y oigamos que la trompeta anuncia que el Señor Jesús baja del cielo, los primeros en resucitar serán los que antes de morir confiaron en Él. Después Dios nos llevará a nosotros, los que estemos vivos en ese momento, y nos reunirá en las nubes con los

demás. Allí, todos juntos nos encontraremos con el Señor Jesús, y nos quedaremos con Él para siempre (1 Tesalonicenses 4:16–18).

Jehová Dios de Israel [...], solo tú eres Dios de todos los reinos de la tierra; tú hiciste el cielo y la tierra. * ¿A quién tengo yo en los cielos sino a ti? Y fuera de ti nada deseo en la tierra. * Jehová estableció en los cielos su trono, y su reino domina sobre todos. * Y oí una gran voz del cielo que decía: He aquí el tabernáculo de Dios con los hombres, y él morará con ellos; y ellos serán su pueblo, y Dios mismo estará con ellos como su Dios.

2 REYES 19:15; SALMO 73:25;
SALMO 103:19; APOCALIPSIS 21:3.

CONFIEMOS EN DIOS HASTA EL **TRIUNFO**

DIOS VE NUESTRAS LÁGRIMAS

Hace un par de días, veinte mil personas corrimos por las calles de San Antonio recaudando fondos para la investigación del cáncer de mama. La mayoría corrimos por caridad, felices de registrar tres millas y así poder donar unos cuantos dólares a la causa. Algunos corrieron recordando a algún ser querido; y otros, en honor a algún sobreviviente del cáncer. Fuimos por diferentes razones. Pero ningún corredor lucía más apasionado que una que vi. Un pañuelo cubría su cabeza calva, y sus ojos tenían grandes ojeras. Tenía cáncer. Mientras nosotros lo hacíamos por caridad, ella lo hacía por convicción. Ella sabe lo que sienten las víctimas de cáncer. Ella lo ha vivido.

Jesús también lo ha vivido. "Él mismo fue tentado en el sufrimiento" (Hebreos 2:18, LBLA). Jesús estuvo lo suficientemente enfadado como para purgar el templo, sintió suficiente hambre como para comer grano crudo, y estuvo lo suficientemente desesperado como para llorar en público.

Sea cual sea la circunstancia que estemos enfrentando, él sabe cómo nos sentimos.[11] Cuando vemos las exigencias del mañana, las facturas de la próxima semana, el calendario silencioso del próximo mes, nuestro futuro luce tan estéril como el desierto del Sinaí. "¿Cómo puedo enfrentar mi futuro?".

Dios sabe lo que necesitamos y dónde estaremos.

Confiemos en Él. Preocuparnos por los problemas del mañana, agotará la fuerza que necesitamos para hoy, dejándonos anémicos y débiles.[12]

¿Puedo compartir algunas sugerencias útiles para superar los días difíciles?

1. Aborde sus temores con fe.

Haga lo que mi padre nos enseñó a mi hermano y a mí a hacer. El verano para la familia Lucado siempre incluía un viaje desde el oeste de Texas hasta las Montañas Rocosas. A mi padre le encantaba pescar truchas junto a ríos de aguas blancas. Sin embargo, sabía que las corrientes eran peligrosas y que sus hijos podían actuar descuidadamente. Cuando llegábamos, explorábamos los lugares seguros para cruzar el río. Nos acompañaba hasta la orilla hasta encontrar una línea de rocas estables. Incluso, a veces añadía una o dos que compensaran nuestros cortos pasos.

Podíamos observarlo probando las piedras, asegurándose de que si lo soportaban a él, nos soportarían a nosotros. Una vez en el otro lado, nos indicaba que lo siguiéramos.

"No tengan miedo —podría haber dicho—. Confíen en mí".

¿Hay un río de miedo corriendo entre usted y Jesús? ¡Cruce hacia Él!

Creer que Él puede. Crea que Él se preocupa por usted.[13]

2. Regrese a las historias bíblicas.

Léalas una y otra vez. Recuerde que no es la primera persona que llora, y que no es la primera persona en recibir ayuda.

Lea las historias, ¡y recuerde que son suyas!

¿El desafío que enfrenta es demasiado grande? Lea la historia. Allí va usted cruzando el mar Rojo con Moisés.

¿Tiene demasiadas preocupaciones? Lea la historia. Allí está usted recibiendo la comida del cielo con los israelitas.

¿Sus heridas son demasiado profundas? Lea la historia. Usted es José, perdonando a sus hermanos por haberlo traicionado.[14]

3. Agite la olla de la oración.

Digamos que llega una preocupación repentina a su vida. El médico decide que necesita una operación. Ha detectado un bulto, y piensa que lo mejor es extraerlo. Sale usted del consultorio con esa ración de ansiedad. ¿Qué puede hacer con ella? Puede colocarla en una de dos ollas.

Puede verter la mala noticia en la olla de la preocupación, y sacar la cuchara. Encienda el fuego. Cocínela. Revuélvala. Deprímase durante un tiempo. Preocúpese también. Pronto usted tendrá una deliciosa olla de pesimismo.

¿Qué tal otra sugerencia? Usar la olla de la oración. Antes de salir del consultorio, entréguele el problema a Dios. "Recibo tu señorío, Padre. Nada me sucede sin que antes haya pasado por ti".

Su parte consiste en oración y gratitud.

¿La parte de Dios? Darle paz. "Experimentarán la paz de Dios, que supera todo lo que podemos entender. La paz de Dios cuidará su corazón y su mente mientras vivan en Cristo Jesús" (Filipenses 4:7, NTV).[15]

Finalmente, quiero animarle a recordar que Dios está involucrado en su vida. Él cuidara de usted. ¿Por qué es importante recordar esto? Porque saber que Dios está a cargo, contrarresta el misterio del porqué y el cómo.

Dios siempre actúa para nuestro bien. En todos los reveses y caídas, Él está ordenando lo mejor para nuestro futuro. Cada acontecimiento de nuestro día a día está diseñado para atraernos hacia nuestro Dios y destino.

"Dios [...] todo lo hace según la determinación de su voluntad" (Efesios 1:11, DHH). Todo significa todo. Sin excepciones.

Dios nos ayudará.

Señor y Dios mío, muchas son las maravillas que tú has hecho y las consideraciones que nos tienes. ¡Nada es comparable a ti! Quisiera anunciarlas, hablar de ellas, pero son más de las que puedo contar.

SALMO 40:5

¿Creemos que ningún mal está más allá del alcance de Dios? ¿Que Él puede redimir cualquier pozo, incluyendo este en el que estamos metidos?

¿Y si José hubiera renunciado a Dios? En cualquier punto de su escabroso camino, él pudo haberse amargado y apartado. "No más. No más. Renuncio".

Nosotros también podemos renunciar a Dios. El cementerio de la esperanza está repleto de almas amargas que se conformaron con un Dios pequeño. No formemos parte de ese grupo.

En sus propias palabras:

LA HISTORIA
DE JULIE

Crecí en un hogar ideal, pero no perfecto. Mi familia amaba y servía a Dios, pero mi corazón no estaba en el lugar correcto. Cuando tenía dieciséis años, mi padre murió repentinamente de un aneurisma cerebral. Sufrí demasiado, y Dios fue fiel: Él consoló a mi familia y proveyó de muchas maneras. Aun así, mi corazón no le pertenecía.

Me deprimí, y la depresión produjo un trastorno alimenticio. Mi vida estaba cayéndose a pedazos, y sentí que lo único que podía controlar era mi peso. Me volví bulímica.

Pensé que tenía mi trastorno alimenticio bajo control, hasta que un día desperté y me di cuenta de que no podía controlar dejar de vomitar. Ni siquiera estaba segura de que quería parar. Me sentía en tinieblas, y sentí lástima hacia mí misma. Pero Dios estaba allí conmigo.

Mi Padre celestial me llamó en medio de la oscuridad. Le confesé mi pecado a Él y a mi mamá, y ella se convirtió en mi ayudante y en mi compañera de oración. Dios mismo me mostró que la única manera en que podía salir del pozo era dejando que su verdad limpiara mi mente. Necesitaba urgentemente de su Palabra. Llevaba versículos escritos en tarjetas a todas partes, y cuando un pensamiento destructivo entraba en mi mente, sacaba una verdad de la Palabra de Dios y la pronunciaba en voz alta.

De esa manera, comencé lentamente a verme a mí misma como Dios me ve.

Gracias al poder de Dios obrando en mi ser, supe que Él se deleita en mí, que Él baila por mí, que Él está completamente enamorado de mí. Jesús me tomó de la mano y me sacó del pozo. Dios me dio muchas oportunidades que yo no merecía. Él es siempre fiel, y siempre está lleno de amor y compasión. Eso fue hace diez años y, ¡alabo al Señor! Nunca he estado más libre que como lo soy en Él. ¡Él es el dueño de todo mi corazón!

Esperad en él en todo tiempo, oh pueblos; derramad delante de él vuestro corazón; Dios es nuestro refugio. * Yo soy Jehová Dios tuyo, que te enseña provechosamente, que te encamina por el camino que debes seguir. * Bueno es Jehová para con todos, y sus misericordias sobre todas sus obras. * Tú llevas la cuenta de mis huidas; tú recoges cada una de mis lágrimas. * "No temas, porque yo te redimí; te puse nombre, mío eres tú". * Vas delante y detrás de mí. Pones tu mano de bendición sobre mi cabeza. * En ti confiarán los que conocen tu nombre, por cuanto tú, oh Jehová, no desamparaste a los que te buscaron.

SALMO 62:8; ISAÍAS 48:17; SALMO 145:9; SALMO 56:8, DHH; ISAÍAS 43:1; SALMO 139:5, NTV; SALMO 9:10.

No tengo una solución fácil o una varita mágica. He encontrado algo…o a Alguien…mucho mejor. A Dios mismo.

LA VICTORIA FINAL

Para que sepáis cuál es la esperanza a que Él os ha
llamado, y cuáles las riquezas de la gloria de su herencia
en los santos, y cuál la supereminente grandeza de
su poder para con nosotros los que creemos, según la
operación del poder de su fuerza, la cual operó en Cristo,
resucitándole de los muertos y sentándole a su diestra en
los lugares celestiales, sobre todo principado y autoridad
y poder y señorío, y sobre todo nombre que se nombra,
no solo en este siglo, sino también en el venidero.

EFESIOS 1:18–21

La vida puede trastornar de repente a cualquiera.
Nadie se escapa. No lo hace la mujer que descubre que su
esposo está teniendo una aventura. No lo hace el hombre
de negocios cuyas inversiones han sido malversadas por
un colega malintencionado. No lo hace el adolescente que
descubre que una noche de romance termina en un emba-
razo sorpresa. No lo hace el pastor cuya fe es sacudida por
el sufrimiento y el miedo.

Sería tonto pensar que somos invulnerables.

Pero también sería tonto pensar que el mal terminará
ganando. La Biblia resuena con el constante tambor de la fe:

Dios recicla el mal en justicia. Tal vez usted ha leído este
libro en busca de una solución rápida para sus problemas.
"Cómo superar los obstáculos de la vida en cinco pasos
fáciles". Lamento decepcionarle, pero no tengo una solución fácil o una varita mágica. He encontrado algo...o a

Alguien...mucho mejor. A Dios mismo. Cuando ponemos a Dios en el centro de nuestra vida, el mal se convierte en bien.

¿No descubrimos ya esto en la historia de José? Un hombre cargado de desgracias: rechazado por su familia, expatriado, esclavizado y encarcelado. Sin embargo, salió triunfante, como un héroe de su generación. Entre sus últimas palabras registradas, se encuentran estas dirigidas a sus hermanos: "Es verdad que ustedes pensaron hacerme mal, pero Dios transformó ese mal en bien" (Génesis 50:20, NVI).

Este es un patrón que se repite en las Escrituras: Mal. Dios. Bien.

¿Puede usted ver la cruz en la colina? ¿Escucha a los soldados martillando los clavos? Los enemigos de Jesús sonríen. Los demonios de Satanás acechan. Todo el mal del universo se frota las manos en regocijo. "Esta vez—susurra Satanás—, esta vez voy a ganar".

Durante un sábado silencioso pareciera que Satanás lo ha logrado. El aliento final. El cuerpo maltratado. María llorando. La sangre bajando por la cruz hacia la tierra. Sus seguidores bajaron al Hijo de Dios a la puesta del sol. Los soldados sellaron el sepulcro, y la noche cayó sobre la tierra.

Sin embargo, lo que Satanás tenía planificado como el mal definitivo, Dios lo usó para el bien supremo. Dios hizo rodar la roca, y Jesús salió del sepulcro el domingo en la mañana con una sonrisa en su rostro y paso firme. Y si miramos de cerca, veremos a Satanás huyendo del cementerio con su cola metida entre las piernas.

"¿Ganaré alguna vez?", gruñe. No. No lo hará.

Dios nos ayudará.

NOTAS

1. Spiros Zodhiates, ed., *The Hebrew-Greek Key Word Study Bible: Key Insights into God's Word, New American Standard Bible, rev. ed.* (Chattanooga, TN: AMG, 2008), Génesis 50:20. Ver también "Greek/Hebrew Definitions", Bible Tools, Strong's #2803, chashab, www.bibletools.org /index.cfm/fuseaction/Lexicon.show/ID/H2803/chashab.htm.

2. "Para los egipcios es abominación todo pastor de ovejas" (Gen. 46:34).

3. Howard Rutledge y Phyllis Rutledge con Mel White y Lyla White, *In the Presence of Mine Enemies—1965–1973: A Prisoner of War* (Nueva York: Fleming H. Revell, 1975), pp. 33, 35.

4. Rutledge y Rutledge, *In the Presence*, pp. 39, 52.

5. "Spite House", New York Architecture Images, nyc-architecture.com, http://nyc-architecture.com/GON/GON005.htm.

6. Rick Reilly, "Matt Steven Can't See the Hoop. But He'll Still Take the Last Shot", Life of Reilly, ESPN.com, 11 de marzo de 2009, http://sports .espn. go.com/espnmag/story?id=3967807. Ver también Gil Spencer, "Blind Player Helps Team See the Value of Sportsmanship", *Delaware County Daily Times*, 25 de febrero de 2009, www.delcotimes.com /articles/2009/02/25/ sports/doc49a4c50632d09134430615.

7. "The Story of Keep Calm and Carry On", video de YouTube, 3:01, subido por Temujin Doran, www.youtube.com/watch?v=FrHkKXFR bCI&sns=fb. Ver también *Keep Calm and Carry On: Good Advice for Hard Times* (Kansas City, MO: Andrews McMeel, 2009), introducción.

8. Jim Collins, "How to Manage Through Chaos", CNN Money, 30 de septiembre de 2011, http://management.fortune.cnn.com/2011/09/30 /jim-collins-great-by-choice-exclusive-excerpt.

9. *Ibíd.*

10. Todd Burpo con Lynn Vincent, *Heaven Is for Real: A Little Boy's Astounding Story of His Trip to Heaven and Back* (Nashville: Thomas Nelson, 2011), pp. 94–96.

11. Max Lucado, *Next Door Savior* (Nashville: W Publishing Group, 2003), pp. 13, 16.

12. Max Lucado, *Every Day Deserves a Chance* (Nashville: Thomas Nelson, Inc., 2007), pp. 53–54.

13. *Ibíd.*, p. 88.

14. Max Lucado, *He Still Moves Stones* (Nashville: W Publishing Group, 1993), p. 91.

15. Max Lucado, *Come Thirsty* (Nashville: Thomas Nelson, Inc., 2004), pp. 105.